The Adventures of Sherlock Holmes

셜록 홈즈의 모험

셜록 홈즈의 모험

First edition: January 2011

TEL (02)2000-0515 | FAX (02)2271-0172
ISBN 978-89-17-23782-5

YBM Reading Library는...

쉬운 영어로 문학 작품을 즐기면서 영어 실력을 크게 향상시킬 수 있도록 개발된 독해력 완성 프로젝트입니다. 전 세계 어린이와 청소년들에게 재미와 감동을 주는 세계의 명작을 이제 영어로 읽으세요. 원작에 보다 가까이 다가가는 재미와 명작의 깊이를 느낄 수 있을 거예요.

350 단어에서 1800 단어까지 6단계로 나누어져 있어 초·중·고 어느 수준에서나 자신이 좋아하는 스토리를 골라 읽을 수 있고, 눈에 쉽게 들어오는 기본 문장을 바탕으로 활용도가 높고 세련된 영어 표현을 구사하기 때문에 쉽게 읽으면서 영어의 맛을 느낄 수 있습니다. 상세한 해설과 흥미로운 학습 정보, 퀴즈 등이 곳곳에 숨어 있어 학습 효과를 더욱 높일 수 있습니다.

이야기의 분위기를 멋지게 재현해 주는 삽화를 보면서 재미있는 이야기를 읽고, 전문 성우들의 박진감 있는 연기로 스토리를 반복해서 듣다 보면 리스닝 실력까지 크게 향상됩니다.

세계의 명작을 읽는 재미와 영어 실력 완성의 기쁨을 마음껏 맛보고 싶다면, YBM Reading Library와 함께 지금 출발하세요!

준비하고, 읽고, 다지는 3단계 리딩 전략

YBM Reading Library

책을 읽기 전에 가볍게 워밍업을 한 다음, 재미있게 스토리를 읽고, 다 읽고 난 후 주요 구문과 리스닝까지 꼭꼭 다지는 3단계 리딩 전략! YBM Reading Library, 이렇게 활용하세요.

Before the Story

People in the Story
스토리에 들어가기 전,
등장인물과 만나며 이야기의
분위기를 느껴 보세요~

In the Story

★ 스토리
재미있는 스토리를 읽어요. 잘 모른다고
멈추지 마세요. 한 페이지, 또는 한 chapter를
끝까지 읽으면서 흐름을 파악하세요.

★★ 단어 및 구문 설명
어려운 단어나 문장을 마주쳤을 때,
그 뜻이 알고 싶다면 여기를 보세요.
나중에 꼭 외우는 것은 기본이죠.

"You may as well confess, Ryder," said Holmes.
Ryder stared with frightened eyes at Holmes.
"How did you know about this blue stone?" asked Holmes.
"Catherine Cusack told me about it," said Ryder.
"Ah!" said Holmes. "Countess Morcar's maid. You and Miss Cusack decided to steal the stone. You arranged for Horner the plumber to do some work [1] in the Countess's room. You knew he'd be suspected of the crime."
Ryder threw himself down on the floor and clutched at Holmes' knees.
"Have mercy!" he shrieked. "Oh, don't let the police bring it to court!"
"Get back into your chair!" said Holmes sternly. "You'd have let Mr. Horner go to prison for a crime you committed."

★★
☐ may as well …하는 편이 좋다
☐ be suspected of …의 혐의를 받다
☐ throw oneself down on …로 몸을 내던지다
☐ clutch at …을 와락 움켜쥐다
☐ Have mercy! 제발 살려주십시오!
☐ shriek 소리를 지르다

☐ bring ... to court …을 재판에 걸다, 기소하다
☐ sternly 단호하게
☐ commit a crime 범죄를 저지르다
☐ testimony 증언
☐ charge against …에 대한 기소
☐ be dropped 기각되다

78 • The Blue Carbuncle

★★★ 돌발 퀴즈
스토리를 잘 파악하고
있는지 궁금하면 돌발 퀴즈로
잠깐 확인해 보세요.

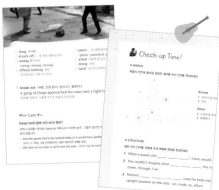

Mini-Lesson
너무나 중요해서 그냥 지나칠 수 없는
알짜 구문은 별도로 깊이 있게 배워요.

"I'll leave the country," said Ryder. "Without my
testimony, the charge against Mr. Horner will be
dropped."

"We'll talk about that later," said Holmes. "Tell us
the rest of the story. How did the stone get into the
goose?"

★ ★ ★ ❓ Who told Ryder about the blue carbuncle?
     a. John Horner
     b. Catherine Cusack
     c. Countess of Morcar

1 **arrange for + 목적어(A) + to + 동사원형(B)** A가 B를 하도록 계획을 짜다
  You arranged for Horner the plumber to do some work in the
  Countess's room.
  당신들은 배관공 호너가 백작 부인의 방에서 일을 하도록 계획을 짰군.

Chapter 2 · 79

Check-up Time!
한 chapter를 다 읽은 후 어휘, 구문,
summary까지 확실하게 다져요.

Focus on Background
작품 뒤에 숨겨져 있는 흥미로운 이야기를
읽으세요. 상식까지 풍부해집니다.

After the Story

Reading X-File 이야기 속에 등장했던
주요 구문을 재미있는 설명과 함께 다시 한번~

Listening X-File 영어 발음과 리스닝 실력을 함께
다져 주는 중요한 발음법칙을 살펴봐요.

MP3 Files
www.ybmbooksam.com에서 다운로드 하세요!

– YBM Reading Library –
이제 아름다운 이야기가
시작됩니다

The Adventures of Sherlock Holmes

_ Before the Story

About Sir Arthur Conan Doyle &
The Adventures of Sherlock Holmes 8
People in the Story 10

_ In the Story

A Scandal in Bohemia

Chapter 1
The King of Bohemia 14
Check-up Time 28
Chapter 2
The Woman 30
Check-up Time 48
Focus on Background 50

The Blue Carbuncle

Chapter 1
A Goose for Christmas 54
Check-up Time 68

Chapter 2
The Mystery Is Solved 70
Check-up Time 84

The Red-Headed League

Chapter 1
The Red-Headed Visitor 88
Check-up Time 102

Chapter 2
The Hole in the Floor 104
Check-up Time 120

_ After the Story

Reading X-File 이야기가 있는 구문 독해 124
Listening X-File 공개 리스닝 비밀 파일 128
Story in Korean 우리 글로 다시 읽기 132

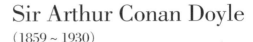

Sir Arthur Conan Doyle
(1859 ~ 1930)
아서 코넌 도일 경은…

스코틀랜드의 에든버러(Edinburgh)에서 태어나 에든버러 대학에서 의학을 전공하였다. 대학생 때부터 단편 소설을 쓰기 시작한 그는 19세에 자신의 첫 소설을 에든버러 저널에 발표했다. 그 후 병원을 개업하였으나 환자가 별로 없자 다시 소설을 쓰기 시작했다.

평소 추리 소설 작가인 에드거 앨런 포를 동경했던 코넌 도일은 1887년 본인의 대학 교수였던 조셉 벨을 모델로 셜록 홈즈란 인물을 창조하여 〈주홍색의 연구 (A Study in Scarlet)〉를 발표하면서 주목을 받기 시작했다. 그 인기에 힘입어 1891년부터 〈스트랜드 매거진 (The Strand Magazine)〉에 셜록 홈즈 이야기를 연재하였고 이후 추리 소설뿐 아니라 의학 관련 서적, 공상 과학 소설, 역사 소설 등 여러 분야에 걸쳐 다수의 작품을 남겼다.

명탐정 셜록 홈즈라는 캐릭터를 통해 독특한 방식으로 범죄 수사를 전개한 아서 코넌 도일은 범죄 소설의 혁신을 이루어내고 추리 소설을 전세계에 보급한 작가로 평가 받고 있다.

The Adventures of Sherlock Holmes

〈셜록 홈즈의 모험〉은 …

〈스트랜드 매거진〉에 연재된 단편 소설 12편을 묶은 작품으로 이 책에는
그 중 세 편을 실었다. 날카로운 관찰과 과학적인 증거를 바탕으로 한 홈즈
의 사건 해결 방식은 후대 추리 소설과 과학 수사에 지대한 영향을 미쳤다.

A Scandal in Bohemia

〈보헤미아의 스캔들〉에는 여자에게 무관심한 홈즈가 유일하게 잊지 못하
는 여인이 등장한다. 그 여인으로 인해 곤란을 겪고 있는 보헤미아의 왕을
홈즈가 도와주는 이야기가 흥미롭게 전개된다.

The Blue Carbuncle

〈푸른 카벙클〉은 거위 안에서 어느 백작 부인의 푸른 카벙
클이 발견되고 그 보석을 훔친 범인을 밝히는 홈즈의 활약
을 생동감 있게 그리고 있다.

The Red-Headed League

〈빨간 머리 연맹〉은 평범한 빨간 머리 사나이가 빨간
머리 연맹에서 제공하는 일을 하던 중 갑자기 일자리
를 잃게 됐다는 이야기를 접한 후 배후에 더 큰 음모가
있음을 감지하고 사건을 파헤치는 홈즈의 활약을 그리
고 있다.

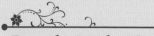

People in the Story
셜록 홈즈의 모험에 등장하는 인물들을 살펴볼까요?

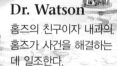

Sherlock Holmes
런던의 명탐정. 과학적이고
치밀한 관찰과 추리로
미스터리 사건을 해결한다.

Dr. Watson
홈즈의 친구이자 내과의.
홈즈가 사건을 해결하는
데 일조한다.

Irene Adler
미모와 재능을 겸비한
오페라 가수. 보헤미아의
왕과 찍은 사진으로
왕을 협박하다가 홈즈의
추격을 눈치챈다.

King of Bohemia
보헤미아의 왕. 결혼을
방해하려는 옛 연인
아이린을 저지하기 위해
홈즈에게 사건을 의뢰한다.

Henry Baker
보석이 들어있던 거위의
주인. 거위를 잃은 후
주인을 찾는 광고를 보고
홈즈를 방문한다.

Peterson
정직한 수위. 길거리에서 주운
거위를 홈즈에게 가져다
주는데 그 안에서 보석을
발견한다.

James Ryder
코스모폴리턴 호텔의
급사장. 모르카 백작 부인의
보석 절도 사건이 있던 날
배관공을 불러 일을 시킨다.

John Clay
명석한 두뇌의 전당포
점원. 윌슨의 전당포
지하에서 음모를 꾸민다.

Jabez Wilson
빨간 머리의 전당포 주인.
점원이 가져온 빨간 머리
연맹 광고에 응모하여
일하다 홈즈를 찾아온다.

a Beautiful Invitation
— YBM Reading Library

A Scandal in Bohemia

Arthur Conan Doyle

The King of Bohemia

보헤미아의 왕

To Sherlock Holmes she is always *the* woman. In
his eyes, she predominates over all other women. It [1]
was not that he felt any emotion akin to love for
Irene Adler. Holmes didn't allow himself to feel any
emotions, especially love. A lack of passion is one of
the virtues of a great observer. Yet she was the one
woman who stayed in his memory. −s로 끝나는 성이나 이름을 소유격으로
만들 때는 뒤에 '만 붙이기도 한답니다.

One night, I passed Holmes' apartment on my way
home. I hadn't seen much of him since I married, [2]
and I missed his company.

His rooms were brilliantly lit and, as I looked up,
I saw his tall body pass the window of his study.
I knew immediately that he was working on a case.
Curiosity got the better of me so I went upstairs to [3]
his apartment.

Holmes welcomed me calmly. Without many words, but with a kindly eye, he waved me to an armchair. Then he stood before the fire and looked me over.

"Marriage suits you," he said. "You've put on seven and a half pounds* since I last saw you." 1파운드는 약 453g으로 7.5파운드는 3.4kg 정도예요.

"Actually, it's only seven pounds!" I said.

"Is that so?" he said. "And you're practicing medicine again, aren't you?"

- □ predominate over …보다 우위를 차지하다
- □ akin to …와 유사한
- □ especially 특히
- □ virtue 덕목
- □ observer 관찰자
- □ yet 그렇지만
- □ company 함께 있음
- □ be brilliantly lit 환하게 불이 켜져 있다

- □ work on …을 작업하다
- □ curiosity 호기심
- □ wave A to B A에게 B쪽을 가리키며 손짓하다
- □ armchair 안락의자
- □ look over …을 살펴보다
- □ suit …에게 맞다
- □ put on (체중이) …가 늘다
- □ practice medicine 개업의를 하다

---

1 It is not that절 …하는 것은 아니다
It was not that he felt any emotion akin to love for Irene Adler.
그가 아이린 애들러에게 사랑과 비슷한 감정을 느낀 것은 아니었다.

2 not see much of + 사람 …을 자주 만나지 못하다
I hadn't seen much of him since I married, and I missed his company.
나는 결혼 후 그를 자주 만나지 못해 그와 함께 있는 시간이 그리웠다.

3 get the better of …이 발동하다
Curiosity got the better of me so I went upstairs to his apartment.
나는 호기심이 발동하여 그의 아파트로 가는 계단을 올라갔다.

I could not help laughing.

"How do you know?" I asked.

"It's obvious," said Holmes. "You smell of strong chemicals and have a bulge in the side of your top hat where you carry your stethoscope. I can also see that you've been walking in the rain recently. And that you have a clumsy, careless maid."

□ cannot help ...ing ···하지 않을 수 없다
□ smell of ···냄새가 나다
□ chemicals 화학약품
□ bulge 툭 튀어 나온 것

□ stethoscope 청진기
□ clumsy 어설픈, 서투른
□ be badly scratched 심하게 긁히다
□ assume 추측하다

"You're right," I said. "I was walking in the country last week and got caught in the rain. But how do [1] you know that my maid is careless?"

"It's simplicity itself, Watson," said Holmes with a ☀ smile. "I can see that the leather of your left shoe is badly scratched. Someone did it when removing [2] mud from the shoe. Therefore, I assume you have been walking in the rain. And your maid was careless when she cleaned your shoes."

❓ Watson에 대한 설명이 아닌 것은?
  a. 최근 빗속을 걸었다.
  b. 강한 화학약품 냄새를 풍긴다.
  c. 오른쪽 신발이 심하게 긁혀 있다.

정답 c

1 **get caught in** (비 따위)를 만나다
  I was walking in the country last week and got caught in the rain. 나는 지난 주에 시골길을 걷다 비를 만났다네.

2 **remove A from B** B에서 A를 털어내다(제거하다)
  Someone did it when removing mud from the shoe.
  누군가가 신발에서 먼지를 털어낼 때 그랬지.

Mini-Less☀n

추상명사 + itself : 매우 …한

simplicity, love, kindness, wisdom과 같은 추상명사 뒤에 itself를 붙이면 '매우 …한' 이라는 뜻이 되어 「very + 형용사」로 바꿔 쓸 수 있답니다.

• It's simplicity itself(=very simple), Watson. 그것은 매우 간단하다네, 왓슨.
• My neighbors are kindness itself(=very kind). 내 이웃들은 매우 친절하다.

I laughed as Holmes finished explaining his process of deduction.

"How do you see so much?" I asked. "My eyes are as good as yours, but I don't see things until you explain them."

He gave a little chuckle and said, "You see things but you don't pay attention to them."

Holmes bent down and picked up a piece of pink notepaper from the table.

"You may be interested in this," he said, as he threw the paper across to me.

"It came in today's mail," he said. "Read it aloud."

The note was undated, and had no signature or address.

At a quarter to eight tonight an important gentleman will call on you. We know you can be trusted. Be at home when he calls and don't be offended if he wears a mask.

---

1 **woven into** ⋯에 새겨진
I did so, and saw *Eg P Gt* woven into the paper.
그렇게 했더니, 그 종이에 새겨진 *Eg P Gt*라는 글씨가 보였다.

"What a mystery," I remarked. "What do you think it means?"

"I don't know yet," he said. "It's a mistake to theorize before one has all the facts. But what can you tell me about the note?"

I carefully examined the writing and the paper.

"The man who wrote the note is probably well-off," I said. "It's expensive paper. It's exceptionally thick and quite firm."

"Yes," said Holmes. "Now, hold it up to the light."

I did so, and saw *Eg P Gt* woven into the paper. [1]

"They are the name of the paper maker," I said.

"The *Gt* stands for *Gesellschaft*, which is the German word for company," he said. "*P* stands for *Papier*, which is paper in English. I think the letters *Eg* may be the name of the town where the paper was made. Let's look at a geographical dictionary."

□ deduction 추론
□ give a little chuckle 약간 싱긋 웃다
□ pay attention to …에 주의를 기울이다
□ bend down (몸을) 구부리다
□ throw A across to B
  A를 B에게 던지다
□ undated 날짜가 적혀 있지 않은
□ call on (사람)을 방문하다

□ be offended 불쾌하게 여기다
□ if …일지라도
□ theorize 이론을 세우다
□ well-off 부유한
□ hold A up to B A를 B 쪽으로
  들어올리다
□ stand for …을 의미하다
□ geographical dictionary 지명 사전

□ Precisely! (동의의 응답) 바로 그거야!
□ hoof (말 등의) 발굽
□ glance out of the window 창문
　밖을 흘낏 보다
□ matching 어울리는
□ 'd (had) better …하는 편이 낫다
□ client 의뢰인
□ promise …일 것 같다

Holmes took down a heavy book from his shelves.

"Here it is! Egria," he said. "It's a town in Bohemia, which is a German-speaking country. Ha! So, what does that tell you?"

"The paper was made in Bohemia by the Egria Paper Company," I said.

"Precisely!" he said. "Now, I wonder what the man who wrote this wants."

Just then, we heard the sound of horses' hooves in the street.

"Ah, here he comes," said Holmes, glancing out of the window. "He has a nice little carriage and a matching pair of horses."

"I think I'd better go," I said.

"Stay where you are," said Holmes. "I need your help and so does my client. And this promises to be an interesting case."

Mini-Less ☀ n

so + do동사 + 주어: ···도 그렇다네
앞사람의 상황에 이어 '···도 그렇다(마찬가지다)'라고 할 때는, 동사를 반복하지 않고
「so + do동사 + 주어」구문을 씁니다. 이 때 주의해야 할 점은 so 다음에 오는 동사의
시제를 앞에 나온 동사의 시제와 일치시켜야 한다는 거예요.

• I need your help and so does my client. 나는 자네의 도움이 필요하고, 내 의뢰인도 그렇다네.

Holmes and I heard footsteps on the stairs, and a loud knock on the door.

"Come in!" said Holmes.

The man who entered was at least six feet six inches* tall, with the chest and limbs of a Hercules. He wore a black mask that covered his eyes and nose.

약 198cm의 키로 그리스 신화에 나오는 힘센 영웅 헤라클레스의 몸집과 비교하고 있어요.

"Did you receive my note?" he asked in a deep voice with a German accent.

"Yes," said Holmes. "This is my friend, Dr. Watson. And how may I address you?"

□ footstep 발소리, 발자국
□ limb 팔다리
□ accent (독특한) 말씨
□ address A as B A를 B라고 부르다
□ count 백작
□ communicate with
　…와 의사소통하다
□ push ... back into the chair
　…을 밀어 의자에 도로 앉히다

□ confess 자백하다
□ be aware of …을 알아차리다
□ cause A to B B에게 A를 불러 일으키다
□ embarrassment 곤란한 상황
□ royal 왕실의
□ concern …와 관련되다
□ Your Majesty 폐하

"You may address me as Count von Kramm," said the visitor. "Can your friend be trusted? If not, I'd [1] rather communicate with you alone." von은 독일, 오스트리아 귀족의 성 앞에 쓰여 '...출신의'이라는 뜻을 나타내요.

I rose to go, but Holmes pushed me back into my chair.

"Of course he can be trusted," said Holmes. "It is both of us, or none. Without him, I won't take the case. You may say before this gentleman anything which you may say to me."

The stranger shrugged his shoulders. [2]

"Then I must begin," he said. "I confess that the title I gave you is false."

"I was aware of it," said Holmes.

"The information I have could cause great embarrassment to one of the royal families of Europe," said the stranger. "It concerns the King of Bohemia."

"I was also aware of that, Your Majesty," said Holmes.

---

[1] 'd〔would〕 rather + 동사원형 (차라리) …하고 싶다〔하겠다〕
I'd rather communicate with you alone. 나는 당신과 독대를 하고 싶소.

[2] shrug one's shoulders (불쾌, 놀람 등의 몸짓) 어깨를 으쓱하다
The stranger shrugged his shoulders. 그 방문객은 어깨를 으쓱했다.

The man looked at Holmes with surprise, then he began to pace up and down the room. He was obviously agitated. Then, with a gesture of desperation, he pulled the mask from his face and threw it to the ground.

"You're right! I am the King," he cried. "Why should I try to hide it?"

"Why indeed? I knew that you're the King of Bohemia as soon as you began speaking," said Holmes. "Now, tell me your problem."

"Five years ago during a long visit to Warsaw, I met the opera singer, Irene Adler," said the King, quietly. "No doubt the name is familiar to you."

"Could you look her up in my index, Watson?" asked Holmes.

□ pace up and down （생각에 잠겨） …을 왔다갔다하다
□ agitated 불안해하는
□ a gesture of desperation 자포자기하는 듯한 몸짓으로
□ why should I 내가 왜 …해야 하지?

□ no doubt+(that)절 아마 …일 것이다
□ look A up in B A를 B에서 찾아보다
□ index 색인
□ classify 분류하다
□ have an affair with …와 연애하다, 관계를 갖다

1 should have + p.p. …했어야 했다
Your Majesty should have acted more carefully.
폐하께서는 좀더 신중히 행동했어야 했습니다.

For many years Holmes had kept a filing system for classifying information concerning people and things, so I quickly found her biography in the index.

"Let's see," said Holmes, "she was Prima Donna[*] with the Imperial Opera of Warsaw. 오페라단의 주역, 여성 가수를 프리마 돈나라고 해요. She's retired now and living in London. Aha! You had an affair with Miss Adler, but I don't understand what you're so worried about."

"She has a photograph of both of us," said the King.

"Oh! That's bad! Your Majesty should have acted [1] more carefully," said Holmes.

"I should have known better," said the King. "But I was a young and reckless prince then. Now I'm King and I'm going to marry the Princess of Scandinavia. Irene plans to send the photograph to the Princess on Monday."

"Then we have three days," said Holmes. "Will you stay in London for a while?"

"Yes. I'm staying at the Langham Hotel, under the name of Count von Kramm," said the King.

"Then I'll drop you a line to let you know of our [1] progress," said Holmes. "And, as to payment?"

"You have a blank check. I would give you one of the provinces of my kingdom to have that [2] photograph," said the King.

"And for present expenses?" asked Holmes.

The King placed a heavy bag on the table.

"There are three hundred pounds in gold and seven hundred in bills in this bag," he said.

"And what is Miss Adler's address?" asked Holmes.

"She's living at Briony Lodge, St. John's Wood," said the King.

Holmes jotted down the address in his notebook.

"Is the photograph large or small?" asked Holmes.

"It's about six inches by* five," said the King.　가로·세로의 치수를
나타낼 때 by를 써요.

"Well, I think I have all the information I need," said Holmes. "I expect to deliver some good news to you very soon. Good night, Your Majesty."

As the King left, Holmes said, "And goodnight, Watson. If you're available tomorrow, come around at three. I'd like to talk this matter over with you."

☐ know better 분별력이 있다
☐ reckless 무모한
☐ under the name of …라는 이름으로
☐ as to …에 관해서는
☐ payment 지급, 지불금
☐ blank check 백지 수표
☐ place 놓다, 두다

☐ lodge 저택
☐ jot down (급히) 쓰다
☐ deliver 전달하다
☐ available 시간〔여유〕이 있는
☐ come around 들르다
☐ talk ... over …에 대해 이야기를 나누다

1　**drop ... a line** …에게 간단한 편지를 보내다, 몇 자 적어 보내다
Then I'll drop you a line to let you know of our progress.
그러면 우리의 진척 상황을 알려드리기 위해 간단한 편지를 보내드리겠습니다.

2　가정법 문장에서 **if**절을 대신하는 **to** 부정사구
I would give you one of the provinces of my kingdom
to have that photograph (= if I had that photograph).
그 사진을 가진다면 내 왕국의 한 곳이라도 떼어 주겠다.

 # Check-up Time!

● **WORDS**

빈칸에 들어갈 알맞은 단어를 고르세요.

1 I laughed as Holmes finished explaining his process of _____.

    a. virtue   b. expense   c. deduction

2 I hadn't seen much of him since I married, and I missed his _____.

    a. emotion   b. company   c. curiosity

3 The information I have could cause great _____ to one of the royal families of Europe.

    a. embarrassment   b. accent   c. index

● **STRUCTURE**

괄호 안의 두 단어 중 알맞은 단어를 골라 문장을 완성하세요.

1 Someone did it when removing mud (to / from) the shoe.

2 At a quarter to eight tonight an important gentleman will call (on / into) you.

3 I'm staying at the Langham Hotel, (under / on) the name of Count von Kramm.

Words | 1. c 2. b 3. a
Structure | 1. from 2. on 3. under

● COMPREHENSION

본문의 내용과 일치하면 T, 일치하지 않으면 F에 표시하세요.

1 Sherlock Holmes felt the emotion of love for Irene Adler.　T　F

2 The notepaper from the client was thick and quite firm.　T　F

3 Irene Adler was a retired prima donna living in London.　T　F

● SUMMARY

빈칸에 맞는 말을 골라 이야기를 완성하세요.

Holmes was working on a (　) when Watson visited his apartment. Holmes showed him a note written on expensive notepaper, which said an important man would visit to consult him. The (　) came to Holmes' apartment, and he turned out to be the King of Bohemia. The King planned to get (　) soon, but his former lover, Irene, was threatening him with a (　) of him and herself.

a. client　　b. photograph　　c. case　　d. married

The Woman

그 여인

Holmes wasn't there when I arrived at his apartment next day at three, so I sat down to wait for him. At four o'clock, a man dressed in rough, dirty clothes walked into the room. It was Holmes in disguise. He nodded to me and went into the bedroom. Five minutes later he came back looking clean and respectable. He sat down by the fire, stretched his legs and burst out laughing. [1]

"Well," he said. "You couldn't imagine what I've been through this morning." [2]

- ☐ dressed in ···을 입은
- ☐ in disguise 변장을 한
- ☐ nod to ···에게 (머리를) 끄덕하고 인사하다
- ☐ respectable (옷차림이) 점잖은
- ☐ suppose 추측하다
- ☐ sequel 뒤이어 일어난 일; 속편
- ☐ occasionally 가끔

---

[1] **burst out laughing** 웃음을 터트리다
He sat down by the fire, stretched his legs and burst out laughing. 그는 난롯가에 앉아 다리를 뻗더니 웃음을 터트렸다.

[2] **be through** ···의 일을 겪다, 경험하다
You couldn't imagine what I've been through this morning. 자네는 내가 오늘 아침에 무슨 일을 겪었는지 상상도 못할 걸세.

"I suppose you've been watching Irene Adler's house," I said.

"That's right, but the sequel was unusual," he said. "I went to Briony Lodge early this morning and asked about her. All the men say she is the prettiest thing on this planet. She lives quietly and occasionally sings at concerts. She has only one male visitor. His name is Godfrey Norton, and he's a lawyer. He visits every day, sometimes twice a day."

Holmes paused for a moment and looked at me.

"I hope I'm not boring you, Watson," he said.

"No. It's very interesting," I said. "Please continue."

"Suddenly, a hansom cab drove up in front of Miss Adler's house and a gentleman jumped out," said Holmes. "I assumed it was Mr. Norton. He rushed into the house. Half an hour later, he came out and jumped into the cab. He shouted at the cabman to take him to Gross and Hankey's, the jewelry shop and then to the Church of St. Monica. He promised the man half a guinea if he could do it in twenty minutes. Then, another small carriage stopped outside the house. Miss Adler ran out and got into it. I only saw her for a moment, but she was beautiful. 'John, the Church of St. Monica,' she said to the driver."

□ bore ···을 지루하게 만들다
□ hansom cab 이륜마차
□ drive up (마차, 자동차가) 달려 오다
□ guinea 기니 (영국의 옛 금화)

□ altar 제단
□ clergyman 성직자
□ be dragged to ···로 끌려가다

1 **be a witness to** ···의 증인이 되다
Mr. Norton ran to me and asked me to be a witness to their marriage. 노턴 씨가 내게 달려오더니 나에게 자신들의 결혼의 증인이 되어 달라고 부탁했네.

"Another cab came along the street so I jumped
into it and followed them to St. Monica's,"
continued Holmes. "When I got there, Mr. Norton
and Miss Adler were standing at the altar.
A clergyman was with them. Suddenly they turned
around and saw me standing there. Mr. Norton ran
to me and asked me to be a witness to their [1]
marriage. Before I realized what was happening,
I was dragged to the altar. And a few minutes later,
Irene Adler was the wife of Godfrey Norton."

"That was unexpected!" I said. "What happened next, Holmes?"

"At the church door they separated," said Holmes. "Mr. Norton drove back to the Law Courts, Miss Adler went to her own house and I took care of some business before I came here. Now, Watson, I'll need your help this evening. I want you to go to Briony Lodge with me. I'll go in disguise so that Miss Adler doesn't recognize me."

Holmes disappeared into his bedroom and a few minutes later he emerged, dressed as a clergyman.

We left Baker Street at a quarter past six and it was almost dark when we reached Briony Lodge. There was a group of shabbily dressed men talking on a corner. Two soldiers* were flirting with a young woman, and other people were lounging[1] around in the street. We waited near the house.

저녁때 막사에서 나와
외출한 군인이에요.

□ unexpected 예기치 않은
□ separate 갈라지다, 헤어지다
□ drive back (마차, 자동차를 타고) 돌아오다
□ take care of 처리하다
□ recognize 알아보다

□ emerge 나타나다
□ dressed as …로 차려입은
□ shabbily 허름하게
□ flirt with …와 시시덕거리다
□ rumble 덜거덕[우르르]거리는 소리

"This marriage makes things easier for us," said Holmes. "She won't want her husband to see the photograph. I'll get her to[2] show it to me."

"She'll refuse," I said.

"She won't be able to," said Holmes. "Listen, I hear the rumble of wheels. It's her carriage. Now, remember ☀ to do exactly as I told you."

---

1 **lounge around** …을 어슬렁거리다
Two soldiers were flirting with a young woman, and other people were lounging around in the street. 두 병사들은 한 젊은 여인과 시시덕거리고 있었고, 다른 사람들은 거리를 어슬렁거리고 있었다.

2 **get + 목적어(A) + to + 동사원형(B)** A에게 B하도록 만들다 (시키다)
I'll get her to show it to me. 그녀가 나에게 그것을 보여주도록 만들 거네.

Mini-Less ☀ n

remember + to 부정사: (미래에) …할 것을 기억하다 (잊지 않다)
remember + 동명사: (과거에) …한 것을 기억하다

• Now, remember to do exactly as I told you. 자, 이제 내가 말한 그대로 하는 걸 잊지 말게.
• I remember walking along the beach with Steve. 나는 스티브와 해변가를 거닐었던 걸 기억한다.

Irene Adler's carriage stopped outside the house.
A man who was lounging near the house ran
forward to open the door in the hope of earning a [1]
tip. He was pushed away by another man and a fight
began as the woman stepped from the carriage.

The two soldiers joined in and she was caught in the middle of the group of struggling men. Holmes rushed forward to protect her but as he reached her, he gave a cry and fell to the ground. Blood was running down his face. When the men saw Holmes fall to the ground covered in blood, they turned and ran. A group of neighbors came forward to help the injured man. Irene Adler hurried up the steps to her front door and then stopped and looked back into the street.

"Is he seriously hurt?" she asked.

"He's dead," cried someone.

"No, he's alive," shouted another. "But he's seriously injured."

---

1 **in the hope of** + 명사 ···할 것을 바라고
A man who was lounging near the house ran forward to open the door in the hope of earning a tip. 집 근처에서 어슬렁거리던 한 남자가 팁을 받기를 바라고 앞으로 달려와 문을 열어주려고 했다.

☐ be pushed away by ···에 의해 밀쳐지다
☐ step 발을 내딛다
☐ join in 가세하다, 참여하다
☐ struggling 싸우는

☐ give a cry 비명을 지르다
☐ fall to the ground 땅에 넘어지다
☐ come forward 앞으로 나오다
☐ injured 다친

"He's a brave man," said an old woman. "They would have taken the lady's purse if he hadn't stopped them. Ah, he's breathing now."

"He can't lie here in the street," said another voice. "May we bring him inside, Madam?"

"Yes. Bring him into the sitting room. This way, please," said Irene Adler.

Holmes was carried into the house, and laid on the sofa in the sitting room. I watched him through the window as I took the smoke bomb from my pocket and waited.

☐ sitting room 거실
☐ be laid 놓여지다 (lay-laid-laid)
☐ smoke bomb 연막탄
☐ make an effort to + 동사원형
　　 …하려고 노력하다, 애쓰다
☐ raise one's body into an upright position 몸을 똑바로 일으키다

☐ toss 던지다
☐ thick cloud of smoke 자욱한 연기
☐ curl around (연기 등이) … 주위에 소용돌이치다, …을 휘감다
☐ call out 소리치다
☐ false alarm 거짓 정보

Mini-Less☀n

가정법 과거완료

'만약 …했다면 ~했을 것이다'라고 과거의 사실과 반대되는 상황을 가정할 때는
「주어+would(could, might, should) have+p.p.+if+주어+had+p.p.」
형태의 가정법 과거완료로 나타냅니다.

• They would have taken the lady's purse if he hadn't stopped them.
　만약 그가 그들을 막지 않았다면, 그들은 아가씨의 지갑을 훔쳐갔을 거예요.

Holmes made an effort to raise his body into an upright position on the sofa and pointed at the window as if he needed air. A maid hurried to the window and opened it. At that moment, Holmes raised his hand, and I tossed the smoke bomb into the room.

"Fire!" I shouted. "Fire!"

Suddenly, the crowd of people in the street started shouting, "Fire! Fire!"

Thick clouds of smoke curled around the room and out of the open window.

A moment later I heard Holmes' voice inside the house calling out that it was a false alarm.

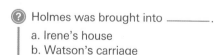

② Holmes was brought into _____.
　a. Irene's house
　b. Watson's carriage
　c. the old woman's house

I walked to the corner of the street and ten minutes later, Holmes joined me. We walked quickly away toward Edgware Road.

"You did everything right, Watson," said Holmes. "It worked perfectly."

"You have the photograph?" I inquired.

"No, but I know where it is," he replied. "She showed me, as I said she would."

"I don't get your meaning," I said. [1]

"It was simple," he replied. "You realized that the men in the street were all part of the plan? I paid them to be there this evening."

□ join …에 합류하다
□ work (계획이) 잘 되어 나가다
□ on fire 불이 난
□ instinct 본능
□ value 소중하게 생각하다
□ sliding panel 움직이는 판
□ cry out 소리치다

□ replace (원래 있던 자리에) 다시 놓다
□ coachman 마부
□ sequence (행동의) 순서
□ pay ... a visit …을 방문하다
□ care to+동사원형 …하고 싶다
□ without delay 지체 없이

---

1 get one's meaning …의 말을 알아듣다
   I don't get your meaning. 나는 자네의 말을 못 알아듣겠네.

2 guess (think) as much 그럴 줄 알다, 그 정도는 짐작하다
   "I guessed as much," I said. "내 그럴 줄 알았네." 내가 말했다.

"I guessed as much," I said. "But how did the [2] smoke help you?"

"When a woman thinks that her house is on fire," said Holmes, "her instinct is to rush to the thing she values most. And that's what Miss Adler did. She keeps the photograph behind a sliding panel in the sitting room. When I cried out that the smoke was a false alarm, she replaced it. Then she rushed from the room. But the coachman had come into the room, so I couldn't take the photograph."

"What task is next in the sequence?" I asked.

"I'll pay her a visit with the King and you tomorrow, if you care to join us," said Holmes.

"Of course I'll come," I said. "What time will you call on her?"

"At eight in the morning," said Holmes. "She'll not be up, so we'll be asked to wait in the sitting room. We'll take the photograph and leave before she comes downstairs. I must let the King know of my plan without delay."

Holmes and I were having our toast and coffee the next morning when the King arrived.

"Have you got it?" he cried eagerly.

"Not yet," said Holmes, "but I have hopes."

"Then let's go. I'm impatient to get there," said the King. "I have my carriage waiting."

We set out for Briony Lodge. Holmes told the King that he had witnessed Irene Adler's marriage.

"She's married!" said the King. "When and to whom?"

"She married an English lawyer named Norton yesterday," said Holmes.

"I don't believe that she loves him!" said the King.

"I hope she does," said Holmes. "If she loves her husband, she doesn't love Your Majesty. If she doesn't love Your Majesty, she won't try to disrupt Your Majesty's marriage plans."

"That's true," said the King. "However …! Well, all I can say is that it's a pity she's not royal. What a [1] queen she would have made!" [2]

He maintained a moody silence until we stopped outside Briony Lodge.

☐ eagerly 간절히
☐ be impatient to+동사원형
　 …하고 싶어 초조하다
☐ set out for …을 향해 출발하다
☐ witness 증인으로서 …에 입회하다
☐ named …라는 이름의
☐ disrupt 방해하다
☐ maintain 유지하다
☐ moody silence 침울한 침묵

1 **It's a pity (that)절** …은 유감스러운 일이다
　 It's a pity she's not royal. 그녀가 왕족이 아닌 것은 유감스러운 일이네.

2 **would have + p.p.** …했었을 텐데
　 What a queen she would have made! 그녀는 정말 좋은 왕비가 되었을 텐데!

The door flew open, and an elderly woman stood on the steps.

"Mr. Sherlock Holmes, I believe?" she asked. [1]

"I am Mr. Holmes," he said with a questioning look.

"My mistress told me that you were likely to drop [2] by. She left for Europe this morning with her husband."

"What!" said Holmes, staggering back with surprise. "Do you mean to say that she's left England?"

"Yes! She left here never to return," said the woman.

We pushed past the woman and hurried into the sitting room. Holmes opened a small sliding panel in the wall and pulled out a photograph and a letter. The photograph was of Irene Adler by herself in evening dress. Holmes tore open the letter which was addressed to him.

---

1 **I believe** 분명(내가 알기로는) …이다
Mr. Sherlock Holmes, I believe? 분명 셜록 홈즈 씨지요?

2 **be likely to + 동사원형** …할 것 같다, …할 것으로 예상되다
My mistress told me that you were likely to drop by.
제 여주인께서 당신이 들를 것 같다고 하셨습니다.

Dear Mr. Sherlock Holmes,

You really did it very well. Months ago I was warned that if the King employed a detective, it would be you. I had no suspicion until after the fire alarm, but then I realized I'd revealed this hiding place.

Today, my husband and I are leaving the country to escape your formidable pursuit. I won't interfere with the King's marriage, but I will keep the photograph as security against any future action against me by the King. I am loved by a better man than he is. Here is another photograph that he might care to possess.

Yours truly,

Irene Norton, née Adler

기혼 여성의 결혼 전 성 앞에
붙이는 말이에요.

- ☐ fly open (문이) 급히 열리다
  (fly-flew-flown)
- ☐ elderly 나이가 지긋한
- ☐ with a questioning look
  미심쩍은 표정을 지으며
- ☐ mistress 여자 주인
- ☐ stagger back 비틀거리며 뒷걸음질치다
- ☐ evening dress 야회복

- ☐ tear open …을 뜯어 개봉하다
- ☐ suspicion 의심
- ☐ fire alarm 화재경보기
- ☐ hiding place 은닉처
- ☐ formidable 가공할, 어마어마한
- ☐ interfere with 방해하다
- ☐ as security against …에 대한
  방어 수단으로

"What an amazing woman!" cried the King.

"Yes, she is definitely a most clever woman," said Holmes. "But I'm sorry that I couldn't get the photograph, Your Majesty."

"It doesn't matter," said the King. "I believe she will keep her word. Now, how can I reward you?" [1]

"If I may, I'd like this photograph," said Holmes. [2] The King stared at him in amazement.

"Well, if you want it, it's yours," he said.

"Thank you, Your Majesty," said Holmes.

And that is how a great scandal threatened the kingdom of Bohemia and how a woman outsmarted Sherlock Holmes. Once, he would make jokes when ☀ anyone talked about the intelligence of women, but I have not heard him do that lately. When he speaks of Irene Adler, he never uses her name. He uses the honorable title of *the* woman.

☐ matter 문제가 되다, 중요하다
☐ reward …에게 보답하다
☐ stare at …을 뚫어지게 바라보다
☐ in amazement 놀라서

☐ threaten 협박하다
☐ outsmart …을 앞지르다, 속이다
☐ intelligence 지력, 총명함
☐ honorable 명예로운

---

1 **keep one's word** 약속을 지키다
I believe she will keep her word. 나는 그녀가 약속을 지킬 것이라고 믿소.

2 **if I may** 괜찮다면
If I may, I'd like this photograph. 괜찮다면 이 사진을 갖고 싶습니다.

Mini-Less☀n

would: (과거에) …하곤 했다

- Once, he would make jokes when anyone talked about the intelligence of women. 예전에 그는 여자들을 얕잡아보는 농담을 하곤 했었다.
- When the weather was nice, Nikki and I would drive to the East Coast.
  날씨가 좋을 때면, 니키와 나는 차를 몰고 동해안에 가곤 했다.

 Check-up Time!

● **WORDS**

퍼즐의 빈칸에 들어갈 알맞은 철자를 써서 단어를 완성하세요.

Across
1. 뒤이어 일어난 일
2. 의심

Down
3. 소중하게 생각하다
4. 방해하다

● **STRUCTURE**

괄호 안의 단어를 어법에 맞게 배열해 문장을 완성하세요.

1 What a queen she _____ _____ _____! (have, would, made)

2 You couldn't imagine what _____ _____ _____ this morning. (been, through, I've)

3 Holmes _____ _____ _____ _____ raise his body into an upright position on the sofa. (an, made, to, effort)

● **COMPREHENSION**

다음은 누가 한 말일까요? 기호를 써넣으세요.

a.

Holmes

b.

King

c.

Irene

1 "What an amazing woman!" _____

2 "If I may, I'd like this photograph." _____

3 "I am loved by a better man than he is." _____

● **SUMMARY**

빈칸에 맞는 말을 골라 이야기를 완성하세요.

Holmes went to watch Irene's house and then later he was asked, by chance, to be a (　　　) to Irene and Norton's marriage. That evening he and Watson went to Irene's again and performed their roles as planned to discover the (　　　) of the photo. The next day, Holmes and the (　　　) went to Irene's to get the photo. But Irene had (　　　) with her husband, taking the photo with her.

a. location　　　b. escaped　　　c. witness　　　d. King

ANSWERS

셜록 홈즈와 그의 집은 실제로 존재했을까요?

Did Sherlock Hlmes and his house really exist?

Sherlock Holmes is a brilliant detective who is famous for his unique skills in solving cases. Although people wish to believe in the existence of Holmes, he is a fictional character created by Conan Doyle. Holmes was modeled after Dr. Joseph Bell who was Doyle's professor in medical school. Bell was renowned for scientific reasoning from close observation which made him a pioneer in forensic science. In 1888, he was involved in the investigation of "Jack the Ripper," a world-famous serial killer, and helped stop the murders. Not only the existence of Sherlock Holmes but also the site of his house has been disputed by scholars. Baker Street has existed since the 18th century but the number, 221B was created by Doyle and it did not exist when the stories were published. However, the address 221B Baker Street now exists and was granted in 1990 to the Sherlock Holmes Museum, which is located at the north end of Baker Street in central London.

셜록 홈즈는 뛰어난 탐정으로 그만의 독특한 기술로 사건을 푸는 것으로 유명합니다.
사람들은 홈즈가 실제로 존재하는 것으로 믿고 싶어하지만, 그는 코넌 도일이 만들어낸 허구의
인물이랍니다. 홈즈는 도일의 의과 대학 시절 스승이었던 조셉 벨 박사를 모델로 만들어졌어요.
벨 박사는 치밀한 관찰을 통한 과학적인 추리로 유명했고, 이는 그를 과학 수사의 선구자로
만들었답니다. 그는 1888년 세계적으로 유명했던 연쇄 살인범 '토막 살인자 잭' 사건 수사에
투입되었고 살인을 멈추게 하는 데 일조했어요.
셜록 홈즈의 존재뿐 아니라 그가 살던 집의 존재도 학자들 사이에선 뜨거운 논란거리입니다.
베이커 스트리트는 18세기부터 존재했지만, 221B 번지는 도일이 만들어 낸 것으로 홈즈의
이야기들이 발표되었을 당시에는 존재하지 않았어요. 하지만 221B 베이커 스트리트 주소는
현재 존재하고 1990년 런던 중심부 베이커 스트리트의 북쪽 끝에 위치한 셜록 홈즈 박물관의
주소로 주어졌답니다.

a Beautiful Invitation
– YBM Reading Library

The Blue Carbuncle

Arthur Conan Doyle

A Goose for Christmas

크리스마스 거위

On the second morning after Christmas, I visited
Sherlock Holmes at his apartment in Baker Street. He
was lying on the sofa in a purple dressing gown,
smoking a pipe. Next to the sofa was a chair and on
its back hung a dirty, worn hat. A magnifying glass
lay on the seat of the chair.

"If you're occupied, I can come back later," I said.

"No, please stay," he said. "Take a seat and I'll tell
you about it. It's a trivial matter, but it's interesting."

Mini-Less🌣n

도치: 장소를 나타내는 부사구 + 동사 + 주어

Next to the sofa was a chair and on its back hung a dirty, worn hat.
'소파 옆에는 의자가 있었고 등받이에는 지저분하고 해진 모자가 걸려 있었다.' 에서 장소를
나타내는 두 부사구(next to the sofa와 on its back)를 강조하기 위해 앞으로 나왔기
때문에 주어(a chair와 a ... hat)와 동사(was와 hung)의 위치가 바뀌었답니다.

• On the wall hung a family picture of William. 벽에는 윌리엄의 가족 사진이 걸려 있었다.

"I'm listening," I said, as I seated myself in his [1] armchair.

"You know Peterson, the doorman?" asked Holmes.

"Yes," I said.

☐ dressing gown (잠옷 위에 입는) 가운
☐ hang …에 걸리다 (hang-hung-hung)
☐ worn 해진
☐ magnifying glass 돋보기
☐ lie 놓여 있다 (lie-lay-lain)
☐ occupied 바쁜
☐ trivial 사소한
☐ doorman 수위

[1] **seat oneself in an armchair** 안락의자에 앉다
"I'm listening," I said, as I seated myself in his armchair.
"듣고 있네." 나는 안락의자에 앉으며 말했다.

□ thug 폭력배
□ knock off (…을 쳐서) 떨어뜨리다
□ swing 휘두르다
  (swing-swung-swung)
□ official-looking 관리
  〔관직에 있는 사람〕로 보이는

□ panic …을 겁에 질리게 하다
  (panic-panicked-panicked)
□ initial 이름의 첫 글자
□ lining 안감
□ spoil (음식이) 상하다

1 **break out** (싸움, 전쟁 등이) 일어나다, 돌발하다
A gang of thugs approached the man and a fight broke out.
폭력배 일당이 그에게 다가가 싸움이 일어났네.

Mini-Less☀n

have to와 함께 쓰인 or의 뜻은?

의무나 강요를 나타내는 have to 뒤에 or이 쓰이면 or은 '그렇지 않으면' 이라는
뜻이 된답니다.

- And the goose had to be cooked today or it would have spoiled.
  그리고 그 거위는 오늘 요리했어야지 그렇지 않았다면 상했을 걸세.
- We have to run now or we'll miss the train. 우리가 지금 뛰지 않으면 기차를 놓칠 거야.

"Here are the facts," said Holmes. "On Christmas morning, Peterson was walking home. In front of him was a tall man carrying a white goose over his shoulder. A gang of thugs approached the man and a fight broke out. One of the thugs knocked off the [1] man's hat. The man swung his stick and broke a shop window. Peterson ran to help the man but his official-looking appearance in uniform panicked the man. He dropped the goose and ran off. The thugs also ran away, so Peterson was left with this old hat and a Christmas goose. He brought them to me without delay, knowing that even the smallest problems interest me."

"Did Peterson try to find the owner?" I asked.

"No," said Holmes. "But there was a card tied to the bird's leg with the name 'Henry Baker' written on it. Also, the initials 'H. B.' are on the lining of this hat. But the problem is that Henry Baker is a very common name. And the goose had to be cooked today or it would have spoiled. Peterson will have it for his dinner. And I have the hat."

"It's all very interesting Holmes," I said, "but . . ."

Just then the door flew open and Peterson the doorman rushed into the apartment.

"The goose, Mr. Holmes!" he gasped.

"What's happened?" asked Holmes. "Has it returned to life and flown away?"

"No, sir! Look at this!" cried Peterson, holding out his hand. "My wife found it inside the bird!"

In Peterson's palm was a small blue gemstone that sparkled like a tiny blue star. Holmes sat up and stared at the stone.

"Peterson," he said, "I suppose you know what that is?"

"It's a diamond, sir!" said Peterson.

"It's the Countess of Morcar's blue carbuncle," said Holmes. "It's a unique and absolutely priceless precious stone. I read an article about it the other day."

☐ gasp 헉 하고 숨을 쉬다
☐ return to life 되살아나다
☐ fly away 날아 가버리다
☐ hold out 내밀다
☐ palm 손바닥
☐ gemstone 보석의 원석; 준보석
☐ sit up (앉아 있는 상태에서) 바로 앉다

☐ countess 백작 부인
☐ carbuncle 카벙클 (둥글게 다듬은 석류석)
☐ priceless 값을 매길 수 없는
☐ precious stone (다이아몬드나 루비 같은) 귀한 보석, 보석용 원석

"It was stolen recently, wasn't it?" I said.

"Yes," said Holmes. "The Countess offered a reward [1] of a thousand pounds for its return."

"A thousand pounds! Great Lord of mercy*!" said Peterson.

"하느님 맙소사"라는 뜻으로
놀랐을 때 하는 말이에요.

---

1 **offer a reward of** …의 현상금을 걸다
The Countess offered a reward of a thousand pounds for its return.
백작 부인은 그것의 반환에 대한 댓가로 천 파운드의 현상금을 걸었다네.

"Wasn't it taken from the Hotel Cosmopolitan, on the 22nd of December?" I said.

"Exactly!" cried Holmes.

Holmes searched through his pile of newspapers until he found what he was looking for.

"Here it is," he said.

Hotel Cosmopolitan Jewel Robbery

John Horner, aged 26, was arrested today for stealing the stone known as the blue carbuncle from the Countess of Morcar. James Ryder, the hotel manager, let Horner into the Countess's room to fix the plumbing. When Mr. Ryder returned, Horner was gone and a jewel case was open on the dressing table. The Countess's maid, Catherine Cusack, witnessed the scene as Ryder described it. The police arrested Horner but he strongly protested his [1] innocence. The stone has not been found.

"Hmm!" said Holmes. "So how did the stone get into the goose? We know that the goose came from Mr. Henry Baker, the gentleman with the old hat. We must find him. We'll put a notice in the ² newspaper."

"What will you say in the notice?" I asked.

"How about this?" said Holmes.

? 신문 기사의 내용과 맞지 않는 것은?
a. Ryder is the hotel manager.
b. The blue carbuncle was stolen.
c. Horner admitted stealing the stone.

정답 c

☐ search through …을 뒤지다
☐ pile (쌓아 올린) 더미
☐ jewel 보석
☐ robbery 도난 (사건)
☐ aged (나이가) …살의
☐ be arrested 체포되다

☐ fix 고치다, 수리하다
☐ plumbing 배관 (수도 시설)
☐ jewel case 보석 상자
☐ dressing table 화장대
☐ witness (사건)을 목격하다
☐ scene 현장

1 **protest one's innocence** …의 결백을 주장하다
The police arrested Horner but he strongly protested his innocence.
경찰은 호너를 체포했지만 그는 강하게 자신의 결백을 주장했다.

2 **put a notice in the newspaper** 신문에 공고를 내다
We'll put a notice in the newspaper.
신문에 공고를 내야겠네.

Holmes began writing:

Found in Goodge Street, a goose and a black hat.
Mr. Henry Baker can claim these at 6:30 this
evening at 221B Baker Street.

"Peterson," said Holmes, handing the paper to him,
"run down to the advertising agency and have this
put in the evening papers."

"Yes, sir. And what about the stone?" asked
Peterson.

"I'll keep it," said Holmes. "Oh, and Peterson,
please buy a goose and leave it here with me. We
must have one to give to Mr. Baker."

☐ claim (자신의 것이라고) 요구하다
☐ advertising agency 광고 대행사
☐ hold A up to B A를 B로 들어올리다
☐ exceptional 특출한
☐ attract 끌어들이다

☐ sinister 사악한, 해로운
☐ strongbox 금고
☐ expect a visit from ⋯의
　　내방을 기다리다

Mini-Less☀n

have〔let, make, get〕+ 목적어(A) + p.p.(B): (사람을 시켜) A가
B되도록 하다

• Run down to the advertising agency and have this put in the evening papers.
　광고 대행사로 달려가서 석간 신문에 이것이 실리도록 하게나.
• Julie had her house cleaned. 줄리는 그녀의 집이 청소되도록 했다.

When the doorman had gone, Holmes held the carbuncle up to the light.

"It's a beautiful thing," he said. "And like every exceptional stone, it attracts crime. It already has a sinister history of robberies and murders. It was found about twenty years ago in the banks of the Amoy River in Southern China. It's unique because carbuncles are usually red. I'll lock it up in my [1] strongbox and let the Countess know that we have it."

"Do you think John Horner is innocent?" I asked. "And Henry Baker?"

"I don't know anything about John Horner," said Holmes. "But I'm certain Henry Baker is innocent. Come back this evening. I expect a visit from Mr. Baker some time after 6 p.m."

---

1 **lock A up in B** (자물쇠로 채워) A를 B에 넣다
   I'll lock it up in my strongbox and let the Countess know that we have it.
   이것을 내 금고에 넣은 다음 백작 부인에게 우리가 보석을 가지고 있다고 알려줘야겠네.

It was a little after six thirty when I arrived at Baker Street. A tall man was waiting on the sidewalk outside the door. We entered together and went upstairs to Holmes' apartment.

"Good evening, Mr. Baker," said Holmes pleasantly. "My name is Sherlock Holmes. Please take a chair by the fire. Is that your hat, Mr. Baker?"

"Yes, sir," said Mr. Baker.

Henry Baker was a bulky man, with a large head, an intelligent face, and a gray beard. He was wearing a shabby coat with all the buttons closed up to the neck without a shirt underneath.

"We expected to see a notice in the paper from you," said Holmes. "Why didn't you put an advertisement in the paper?"

- □ sidewalk 인도
- □ pleasantly 상냥하게
- □ bulky 덩치가 큰
- □ beard 수염
- □ shabby 허름한
- □ closed up to the neck
  목까지 채워진〔잠겨진〕
- □ underneath 안〔밑〕에
- □ put an advertisement in the paper 신문에 광고를 내다
- □ embarrassed 당황스러운
- □ waste of money 돈 낭비
- □ Naturally. 물론이지요.; 당연히.
- □ go bad 상하다
- □ about the same size 비슷한 크기의
- □ will do (급한 대로) 쓸 만하다

Mr. Baker looked embarrassed.

"Well, Mr. Holmes," he said, "I was sure the men who attacked me had taken my hat and the bird. It seemed a waste of money to pay for a notice in the papers."

"Naturally," said Holmes. "By the way, we had to eat the goose. It would have gone bad if we hadn't."

"You ate it?" asked Mr. Baker, half rising from his [1] seat.

"Yes," replied Holmes, "but we've bought you another one about the same size. I hope it will do?"

"Oh, certainly!" exclaimed Mr. Baker, with a sigh of [2] relief. "It will do very well."

---

1 **rise from one's seat** 자리에서 일어나다
   "You ate it?" asked Mr. Baker, half rising from his seat.
   "당신이 먹었다고요?" 베이커 씨가 자리에서 반쯤 일어나면서 물었다.

2 **with a sigh of relief** 안도의 한숨을 내쉬며
   "Oh, certainly!" exclaimed Mr. Baker, with a sigh of relief.
   "아, 그럼요!" 베이커 씨가 안도의 한숨을 내쉬며 외쳤다.

Holmes glanced at me and shrugged his shoulders.

"Well, there's your hat and your goose," he said. "Oh, would you mind if I ask where you got the goose? It was unusually fine meat. I'd like to know where to get another."

"Not at all," said Baker. "A group of us meet regularly at the Alpha Inn. This year, the landlord of the Inn started a goose club. Every week, each member of the group paid him a small amount of money. At the end of the year there was enough to buy each of us a Christmas goose. And you know the rest. Thank you, Mr. Holmes. I'll take this bird and enjoy a proper Christmas dinner."

☐ glance at …을 언뜻 보다
☐ unusually 대단히, 몹시
☐ inn (옛날 영국에 숙박이 가능했던) 술집
☐ landlord 주인
☐ goose club 크리스마스용 거위 적립계

☐ a small amount of money 소액
☐ know the rest 나머지는 아는 대로다
☐ proper 제대로 된
☐ bow to …에게 절(인사)하다
☐ by all means 아무렴, 좋고말고

1 **so much for** …에 대해서는 그쯤 하기로 하다
   So much for Mr. Henry Baker. 헨리 베이커 씨에 대해서는 그쯤 하기로 하지.

2 **suggest(that) + 주어 + (should) + 동사원형** …가 ~하는 것이 어떤가 제안하다
   I suggest we delay our dinner and ask some questions at the Alpha Inn.
   우리 저녁은 좀 미루고 알파 인에 가서 질문을 하는 것이 어떤가 제안하는 바이네.

Putting on his old hat, he bowed to both of us and hurried from the room.

"So much for Mr. Henry Baker," said Holmes, when [1] he had closed the door. "I'm certain that he knows nothing about the stone. If you're not hungry, I suggest we delay our dinner and ask some [2] questions at the Alpha Inn."

"By all means," I said.

 # Check-up Time!

● **WORDS**

단어와 단어의 뜻을 서로 연결하세요.

1 spoil •   • a. a precious stone

2 panic •   • b. having little importance

3 jewel •   • c. to be no longer good
                         enough to eat

4 trivial •   • d. to make someone
                         suddenly feel frightened

● **STRUCTURE**

괄호 안의 단어를 어법에 맞게 배열해 문장을 완성하세요.

1 Next to the sofa (chair, a, was).

   → Next to the sofa _____.

2 (this, have, put) in the evening papers.

   → _____ in the evening papers.

3 The Countess (of, a, reward, offered) a thousand pounds.

   → The Countess _____ a thousand
   pounds.

이야기의 흐름에 맞게 순서를 정하세요.

a. Henry Baker was satisfied with the new goose that Holmes gave him.

b. Holmes and Watson delayed their dinner to set out for the Alpha Inn.

c. Henry Baker dropped a goose and ran off.

(   ) → (   ) → (   )

● SUMMARY

빈칸에 맞는 말을 골라 이야기를 완성하세요.

Peterson saw a man being (   ) by a gang on the street, and the man dropped his hat and a goose. Peterson brought them to Holmes and came back later with the Countess of Morcar's blue (   ) found in the goose. Holmes put an (   ) in the papers and the owner of the hat and the goose came to Holmes' apartment to (   ) them. Holmes discovered that the man, who knew nothing about the precious stone, had received the goose from the landlord at the Alpha Inn.

a. carbuncle   b. advertisement   c. claim   d. attacked

ANSWERS

Comprehension | (c)←(a)←(b)   Summary | d, a, b, c

CHAPTER 2

The Mystery Is Solved

의문이 풀리다

In a quarter of an hour, Holmes and I had made our way to the Alpha Inn. We entered the Inn's private bar and ordered two glasses of beer.

"I hope your beer is as good as your geese," said Holmes.

"My geese!" said the landlord with surprise.

"Yes. I was just speaking to Mr. Henry Baker who is a member of your goose club," said Holmes.

"Oh, I see," said the landlord. "But they're not my geese. I got them from a salesman in Covent Garden* called Breckinridge."

코벤트 가든은 런던 중심지에 위치한
유명한 청과시장이었으나 지금은
상점과 레스토랑이 밀집한 광장이에요.

---

1 **prove one's innocence** …의 무죄를 입증하다
   We have at the other end a man who will serve a seven-year sentence unless we prove his innocence. 이 사건의 저편에는 우리가 그의
   무죄를 입증하지 않으면 7년형을 복역해야 할 사나이가 있네.

Holmes and I finished our beer and went out again into the cold night air.

"Now, let's find Mr. Breckinridge," said Holmes. "Listen, Watson. Although we have a commonplace goose at one end of this chain, we have at the other end a man who will serve a seven-year sentence unless we prove his innocence. His fate is in our [1] hands. There's no time to lose."

We walked through the London streets to the Covent Garden Market. Mr. Breckinridge was just closing his stall for the night.

"Good evening," said Holmes. "You've sold out of geese?"

"Yes, but I'll have another five hundred tomorrow morning," said Breckinridge.

"That's no good," said Holmes. "I need them tonight. The landlord of the Alpha recommended you. Can you tell me where you got them?"

□ make one's way to ···로 가다
□ private bar (영국에 있는) 술집의 독실
□ commonplace 아주 흔한
□ serve a 숫자-year sentence
　　···년형을 복역하다

□ There's no time to lose.
　　우물쭈물할 시간이 없다.
□ stall 가판대
□ sell out of ···을 다 팔다
□ be no good 소용이 없다
□ recommend 추천하다

To my surprise the question provoked a burst of anger from Breckinridge.

"Now look," he said loudly, "what do you want?"

"I told you," said Holmes calmly. "I'd like to know who sold you the geese."

"Well, I won't tell you," said Breckinridge. "You're the second person to ask me about those geese."

"I don't know who has been asking you questions," said Holmes. "But I made a bet with my friend that [1] the geese were bred in the country."

"Well, you've lost your bet," said Breckinridge. "Those geese were bred in town."

"I don't believe you," said Holmes.

"Will you bet on it?" said Breckinridge.

"Yes," said Holmes. "I'll bet you one pound, even though I know you're going to lose."

□ provoke A from B B에게서 A를
일으키다
□ burst of anger 갑자기 터지는 화
□ be bred 사육되다
□ bet on …에 내기하다

□ bet+사람(A)+금액/물건(B)
A와 B를 내기에 걸다
□ entry (장부 등의 개별) 항목
□ pence 1페니(penny)의 복수형

---

1 make a bet with + 목적어(A) + that절(B) B라는 데에다 A와 내기를 하다
But I made a bet with my friend that the geese were bred in the country. 하지만 나는 그 거위가 시골에서 길러졌다는 데에다 내 친구와 내기를 했소.

Breckinridge picked up a book.

"This is the list of the people I buy from," he said.

He pointed to an entry in the book and said,
"What does it say?"

"Mrs. Oakshott, 117, Brixton Road-249," read
Holmes. "December 22, twenty-four geese at 7
shillings* and 6 pence each." 영국의 옛 화폐 단위로
1실링은 12펜스였대요.

"Correct," said Breckinridge. "And what is written
underneath?"

"Sold to the Alpha at 12 shillings each," said
Holmes.

"Well," said the man. "I think I won that bet,
didn't I?"

Holmes appeared to be deeply embarrassed. He took one pound from his pocket and dropped it on the stall, before turning away in apparent disgust.

We had only gone a few yards* when we 길이 단위로 1야드는 91.4cm예요. heard the sound of loud voices from Breckinridge's stall. We turned and saw a small man with a thin, pointy face standing in front of Breckinridge's stall.

"I've had enough of you and your questions about [1] geese," shouted Breckinridge. "Bring Mrs. Oakshott here and I'll answer her questions, but it's none of your business. Did I buy the geese from you?"

"No, but one of them was mine," whined the man.

"Then ask Mrs. Oakshott for it," shouted Breckinridge. "Get out of here!"

He rushed forward, and the small man vanished into the darkness.

"We need to ask that man some questions," said Holmes.

We ran after the small man and quickly caught up [2] with him. As Holmes grabbed his shoulder, the man turned around.

"What do you want?" he asked in a trembling voice.

"Excuse me," said Holmes, "but I overheard what you said to the salesman. I may be able to help you."

"Who are you? What do you know about this?" said the man.

"My name is Sherlock Holmes and it's my job to know what other people don't know," said Holmes. "I know that you're trying to find a goose that Mrs. Oakshott of Brixton Road sold to Breckinridge. He sold it to the Alpha Inn."

"Mr. Holmes, you're just the man I have longed to meet," cried the man, with outstretched hands and quivering fingers. "You have no idea how interested I am in this matter."

- ☐ in apparent disgust 겉으로 보기에는 넌더리를 내며
- ☐ pointy 끝이 뾰족한
- ☐ It's none of your business. 네가 상관할 일이 아니다.
- ☐ whine 징징거리다

- ☐ vanish into …로 사라지다
- ☐ in a trembling voice 떨리는 목소리로
- ☐ overhear (남의 대화를) 우연히 듣다
- ☐ long to+동사원형 …을 애타게 바라다
- ☐ outstretched (신체의 일부가) 죽 뻗은
- ☐ quivering 떨리는

---

1 **have had enough of** …은 더 이상 못 참다
I've had enough of you and your questions about geese.
나는 이제 당신과 거위에 관한 당신 질문은 더 이상 못 참겠소.

2 **catch up with** …을 따라잡다
We ran after the small man and quickly caught up with him.
우리는 그 작은 남자를 뒤쫓았고 재빨리 따라잡았다.

"In that case we had better discuss this in a quiet place," said Holmes. "But first, tell me your name."

The man hesitated for an instant, before saying, "My name is John Robinson."

"No, no, give me your real name!" said Holmes.

"Alright, my real name is James Ryder," said the man.

"I knew it. You're the manager of the Hotel Cosmopolitan," said Holmes.

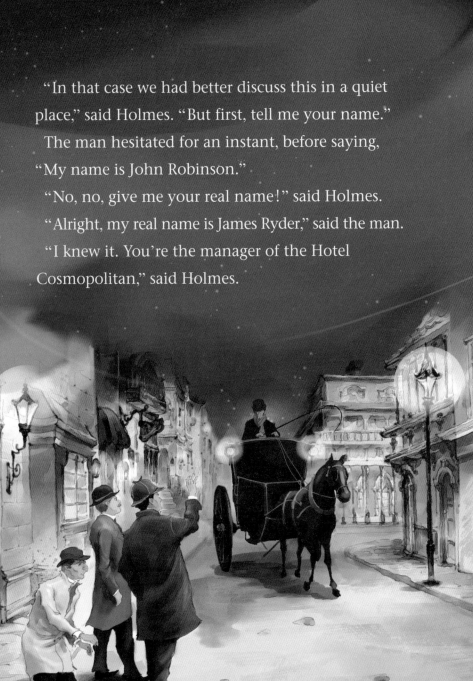

He waved down a carriage and said, "Get inside, and I'll tell you everything you're dying to know."

The three of us stepped into the cab and half an hour later we filed into the apartment at Baker Street.

"Take a seat, Mr. Ryder," said Holmes. "Now, you want to know what happened to that goose, don't you? The one with a black stripe across its tail?"

"Yes," said Ryder, quivering with emotion, "can you tell me what happened to it?"

"It came here," said Holmes. "And it was an extraordinary bird. After it died, it laid an egg. It's the prettiest bright blue egg I've ever seen. I have it here."

Holmes unlocked his strongbox, and held up the blue carbuncle. It shone brightly in the light from the fire. Ryder trembled violently as he stared at the stone.

☐ hesitate 망설이다
☐ for an instant 잠깐 동안
☐ wave down 손짓을 하여 …을 세우다
☐ be dying to+동사원형 …하고 싶어 못 견디다
☐ step into …에 올라타다; …에 발을 들이다
☐ file into …안으로 줄지어 들어가다
☐ with emotion 북받쳐, 감격하여
☐ extraordinary 기이한
☐ violently 격렬하게

"You may as well confess, Ryder," said Holmes.

Ryder stared with frightened eyes at Holmes.

"How did you know about this blue stone?" asked Holmes.

"Catherine Cusack told me about it," said Ryder.

"Ah!" said Holmes. "Countess Morcar's maid. You and Miss Cusack decided to steal the stone. You arranged for Horner the plumber to do some work [1] in the Countess's room. You knew he'd be suspected of the crime."

Ryder threw himself down on the floor and clutched at Holmes' knees.

"Have mercy!" he shrieked. "Oh, don't let the police bring it to court!"

"Get back into your chair!" said Holmes sternly. "You'd have let Mr. Horner go to prison for a crime you committed."

- □ may as well …하는 편이 좋다
- □ be suspected of …의 혐의를 받다
- □ throw oneself down on …로 몸을 내던지다
- □ clutch at …을 와락 움켜쥐다
- □ Have mercy! 제발 살려주십시오!
- □ shriek 소리를 지르다
- □ bring ... to court …을 재판에 걸다, 기소하다
- □ sternly 단호하게
- □ commit a crime 범죄를 저지르다
- □ testimony 증언
- □ charge against …에 대한 기소
- □ be dropped 기각되다

"I'll leave the country," said Ryder. "Without my testimony, the charge against Mr. Horner will be dropped."

"We'll talk about that later," said Holmes. "Tell us the rest of the story. How did the stone get into the goose?"

? Who told Ryder about the blue carbuncle?
  a. John Horner
  b. Catherine Cusack
  c. Countess of Morcar

---

1 **arrange for + 목적어(A) + to + 동사원형(B)** A가 B를 하도록 계획을 짜다
You arranged for Horner the plumber to do some work in the Countess's room.
당신들은 배관공 호너가 백작 부인의 방에서 일을 하도록 계획을 짰군.

"After Horner was arrested, I needed to hide the stone," said Ryder. "I went to my sister's house. She and her husband raise geese for the market. I had an idea that I thought* would fool the best detective that ever lived."

I thought는 문장 중간에 삽입되면
"내 생각에는"이라는 뜻이 된답니다.

"Really?" said Holmes with a smile. "And what was your brilliant idea?"

"My sister had promised me one of her geese for a Christmas present," said Ryder. "I caught a big white one with a black mark on its tail. I thrust the stone down its throat. The bird swallowed the stone and ran back to the others. Then my sister caught the bird and killed it for me."

"It was the wrong bird, wasn't it?" said Holmes.

"Yes," said Ryder. "There were two birds with a black mark on their tail. But I didn't know that. I carried the bird to a friend in Kilburn who had promised to buy the stone. He opened the goose and there was no sign of the stone. I was shocked." [1]

□ fool 속이다, 우롱하다
□ brilliant 멋진, 훌륭한

□ thrust A down one's B
   A를 B 밑으로 (거칠게) 밀어 넣다
□ swallow 삼키다

1 **There is no sign of** …의 흔적이 없다
He opened the goose and there was no sign of the stone.
그가 거위의 배를 갈라 열어 보았지만 보석의 흔적은 없었어요.

"What did you do?" I asked.

"I rushed back to my sister's house, but she'd already sold the birds to Breckinridge!" exclaimed Ryder.

"So, you went to see Breckinridge?" said Holmes.

"Yes. But he'd sold all the birds," said Ryder. "You heard him tonight. God help me!"

He burst into tears with his face buried in his [1] hands.

There was a long silence, interrupted only by Ryder's heavy breathing. Then Holmes stood up, and threw open the door.

"Get out!" he said to Ryder.

"What, sir! Oh, God bless you!" cried Ryder.

"Don't say another word. Just get out of my sight!" said Holmes.

Mini-Less☼n

should have + p.p. : ···했어야 했다

'···했어야 했는데 (안 했다)' 라는 뜻으로 과거의 일에 대한 후회를 나타낼 때는
「should have + p.p.」를 쓰면 된답니다.

• Perhaps I should have told the police, but they didn't ask for my help.
아마도 내가 경찰에 말을 했어야 했겠지만 경찰은 나에게 도움을 청하지 않았네.

• We should have stayed inside in this rain. 이런 빗속에 우리는 실내에 있었어야 했어.

Ryder rushed to the door, ran down the stairs, and slammed the door to the street. We heard his footsteps hurrying away along the sidewalk.

"Well, Watson," said Holmes, "it's Christmas and the season of forgiveness. Perhaps I should have told the police, but they didn't ask for my help. Besides, Ryder is too terribly frightened to commit another crime. Horner will be set free because there's no evidence against him. The blue carbuncle will be returned to its owner. And we've had an incredibly interesting and unusual problem to solve. And now, Watson, it's time to investigate another bird. I'm hungry and I believe we're having goose for supper."

□ rush back to 급히 …로 돌아가다
□ burst into tears 와락 울음을 터뜨리다
□ be interrupted by …에 의해 중단되다
□ heavy breathing 거친 숨
□ throw open (문)을 활짝 열다

□ slam (문)을 쾅 닫다
□ forgiveness 용서
□ be set free 풀려나다, 석방되다
□ evidence against …에게 불리한 증거
□ incredibly 믿을 수 없을 만큼
□ investigate 조사하다

1 **with + 명사 + 분사형 동사** …을 ~한 채
He burst into tears with his face buried in his hands.
그는 손에 얼굴을 묻은 채 와락 울음을 터뜨렸다.

 # Check-up Time!

● WORDS

빈칸에 알맞은 단어를 보기에서 골라 써넣으세요.

| swallowed | bred | hesitated | overheard |

1 Those geese were _____ in town.

2 I _____ what you said to the salesman.

3 The bird _____ the stone and ran back to the others.

4 The man _____ for an instant, before saying, "My name is John Robinson."

● STRUCTURE

괄호 안의 단어를 어법에 맞게 배열해 문장을 완성하세요.

1 I _____ _____ _____ the police, but they didn't ask for my help. (have, told, should)

2 _____ _____ _____ _____ you and your questions about geese. (enough, I've, of, had)

3 You _____ _____ _____ _____ _____ some work in the Countess's room. (to, arranged, Horner, for, do)

다음 질문에 알맞은 답을 고르세요.

1 Why did Breckinridge get angry when Holmes asked where he got the geese?

a. Because he did not know.
b. Because he was asked the same question before.

2 Who thrust the blue carbuncle down the goose's throat?

a. James Ryder
b. Henry Baker

● SUMMARY

빈칸에 맞는 말을 골라 이야기를 완성하세요.

At the Alpha Inn, Holmes and Watson found out where the innkeeper got the goose. They went to see the (   ), Breckinridge in Covent Garden. There they encountered Ryder, the (   ) manager, asking Breckinridge about the goose. Holmes brought Ryder to his apartment and made him (   ) how the stone got into the goose. He begged Holmes' (   ) and Holmes let Ryder go.

a. salesman   b. hotel   c. forgiveness   d. confess

The Red-Headed League

Arthur Conan Doyle

The Red-Headed Visitor

빨간 머리의 방문객

When I called on Sherlock Holmes one autumn morning, he had another visitor.

"I'll come back later if you're engaged with your guest," I said.

"Stay," said Holmes. "You couldn't possibly have come at a better time."

He turned to his visitor.

"This is Doctor Watson," he said. "He's been my partner in many of my most successful cases."

The visitor nodded a greeting.

"Watson," said Holmes, "this is Mr. Jabez Wilson. He has an unusual and, to the best of my belief, [1] unique story. I'm sure you will find it fascinating. Mr. Wilson, would you kindly retell your story from the start?"

Mr. Wilson pulled a wrinkled newspaper from his coat pocket. I scrutinized him as Holmes read the clues which might be inferred from his appearance. There seemed nothing unusual about him except for [2] his fiery red hair and the discontented look on his face.

"Have you found the advertisement, Mr. Wilson?" asked Holmes.

"Yes, I've got it," said Mr. Wilson. "This is where it all began, Mr. Watson. Please read it for yourself."

- □ be engaged with ⋯로 바쁘다
- □ can't possibly 도저히 ⋯할 수 없다
- □ nod a greeting 고개를 숙여 인사하다
- □ fascinating 대단히 흥미로운
- □ retell ... from the start ⋯을 처음부터 다시 말하다
- □ wrinkled 구겨진

- □ scrutinize ⋯을 세심히 살피다
- □ clue 단서, 실마리
- □ be inferred from ⋯에서 추론되다
- □ fiery 불타는 듯한
- □ discontented 불만족스러운
- □ for oneself 스스로, 직접

1 **to the best of one's belief** ⋯가 확신하는 바로는
He has an unusual and, to the best of my belief, unique story.
그에게는 기이하고, 또 내가 확신하는 바로는 독특한 이야기가 있네.

2 **except for** ⋯을 제외하고
There seemed nothing unusual about him except for his fiery red hair and the discontented look on his face.
불타는 듯한 빨간 머리와 불만족스러운 얼굴을 제외하고 그에게는 특이한 점이 없어 보였다.

I took the paper from Mr. Wilson and read the advertisement.

> TO THE RED-HEADED LEAGUE: *There is a vacancy for a new member of the League. A salary of four pounds a week is guaranteed for an extremely easy task. All healthy red-headed men who are more than 21 years old are eligible. See Duncan Ross at 7 Pope's Court, Fleet Street, on Monday at eleven o'clock.*

"What on earth does it mean?" I asked.

"It's unusual, isn't it?" said Holmes with a chuckle.
"Mr. Wilson, tell us how this advertisement affected you."

□ league 연맹
□ vacancy 빈자리, 공석
□ be guaranteed …이 보장되다
□ task 일, 과업
□ eligible 자격이 있는
□ on earth (의문사와 함께) 도대체
□ affect …에게 영향을 미치다
□ pawnbroker 전당포 주인
□ assistant 조수
□ be willing to+동사원형 흔쾌히 …하다
□ wage 임금, 급여

1 **couldn't ask for a+비교급+명사** 더 이상 …한 ~을 바랄 수 없을 것이다
I couldn't ask for a smarter assistant.
저는 더 이상의 똑똑한 조수를 바랄 수 없을 겁니다.

"Well," said Mr. Wilson, "I have a pawnbroker's business on Coburg Square, but recently the business has been failing. Once, I could handle two assistants, but now I have one. He's willing to work for low wages and learn the business. His name is Vincent Spaulding. I couldn't ask for a smarter assistant, Mr.[1] Holmes. He could earn twice as much if he worked for someone else."

Mini-Less☀n

배수+as much : (그것의) …배

• He could earn twice as much if he worked for someone else.
  그가 만약 다른 데서 일한다면 그것의 두 배는 벌 수 있을 거예요.
• This chocolate costs three or four times as much.
  이 초콜릿은 서너 배 비쌉니다.

"You seem fortunate, but he must be an unusual man," said Holmes.

"He is," said Mr. Wilson. "But he has his faults. He's absorbed by photography and takes photographs all the time. Then he spends a lot of time in the cellar developing them."

"He's still with you, I presume?" asked Holmes.

"Yes, sir," said Mr. Wilson. "But eight weeks ago to the day, he came to the office with this newspaper advertisement. Then he told me about the League of Red-Headed Gentlemen. Apparently, a red-headed American millionaire, Ezekiah Hopkins, founded the League. When he died, he left instructions for his fortune to be used to provide jobs for red-headed men. The jobs were to be well paid and easy."

"Intriguing!" said Holmes.

"Yes," said Mr. Wilson. "Naturally, I thought that millions of red-headed men would apply for the jobs. But Vincent said that the vacancies were confined to Londoners. This American wanted to do his hometown a good turn. And only men with natural, bright red hair like mine were selected."

- □ fortunate 운 좋은
- □ fault 단점, 결점
- □ be absorbed by …에 빠져 있다
- □ photography 사진 찍기
- □ cellar 지하 저장고
- □ develop (필름)을 현상하다
- □ I presume (독립적으로) …라고 생각하다
- □ to the day 정확히, 바로 그날
- □ found 설립하다, 세우다

- □ apparently 듣자 하니
- □ instructions for A to B A를 B하도록 하라는 지시
- □ well paid 보수를 많이 받는
- □ intriguing 아주 흥미로운
- □ apply for …에 지원하다
- □ be confined to …로 제한되다
- □ Londoner 런던 사람
- □ do ... a good turn …에게 좋은 기회가 되다

Mini-Less✺n

provide A for B: B에게 A를 제공하다 (= provide B with A)

- He left instructions for his fortune to be used to provide jobs for red-headed men. 그는 빨간 머리의 남자들에게 직장을 제공하는 데 그의 재산을 쓰라는 지시를 남겼어요.
- They provided the poor with food and fuel. 그들은 가난한 사람들에게 식품과 연료를 제공했다.

"So you were persuaded?" asked Holmes.

"Well, I thought there was no harm in trying," said Mr. Wilson. "Vincent came with me to the town. When we got to Pope's Court, the streets were choked with red-headed men. But only a few had the same vivid tint as mine. Vincent pushed me through the crowd to the steps that led to the office. Soon, we were called inside."

"What a bizarre experience!" said Holmes. "Please continue."

"Mr. Ross was there. He's a small man with redder hair than mine," said Mr. Wilson. "Vincent introduced me and explained that I was willing to fill a vacancy. Mr. Ross said I had a fine head of red hair. Then he said, 'Please excuse me for taking this precaution.' He seized my hair with both his hands, and tugged it until I yelled with the pain. He apologized and said, 'We have to be careful. We've been deceived by men in red wigs and painted hair.' Then he shouted out of the window that the vacancy had been filled. And he said I would have to be in the office ten until two under all circumstances."

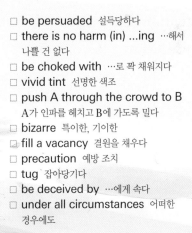

- □ be persuaded 설득당하다
- □ there is no harm (in) ...ing ···해서 나쁠 건 없다
- □ be choked with ···로 꽉 채워지다
- □ vivid tint 선명한 색조
- □ push A through the crowd to B A가 인파를 헤치고 B에 가도록 밀다
- □ bizarre 특이한, 기이한
- ☑ fill a vacancy 결원을 채우다
- □ precaution 예방 조치
- □ tug 잡아당기다
- □ be deceived by ···에게 속다
- □ under all circumstances 어떠한 경우에도

"So, what did you do?" asked Holmes.

"I took the job," said Mr. Wilson. "Most of my pawnbroker's business is done in the evenings. The man told me that I would be paid four pounds a week. I was to copy every word in every volume of[1] the *Encyclopedia Britannica*.★ I agreed to start work the next day."

가장 전문적이고
오래된 영어 백과사전이에요.

□ volume (시리즈로 된 책의) 권
□ think ... over ⋯을 심사숙고하다
□ affair 일(사건)
□ fraud 사기

□ check ... out ⋯을 조사(확인)하다
□ go by (시간이) 지나가다
□ come to an end 끝나다

"Were you pleased to find such easy work?" asked
Holmes.

"At first, yes," said Mr. Wilson. "Then I thought it
over and decided that the whole affair must be some
kind of fraud. However, I was determined to check it [2]
out myself."

"And you returned the next day?" asked Holmes.

"Yes, and I went every day after that," said Mr.
Wilson. "On Saturday the manager paid me four
pounds. Eight weeks went by and then it came to an
end."

"To an end?" asked Holmes.

 다음 중 틀린 것은?
  a. 윌슨은 백과사전을 베껴 썼다.
  b. 윌슨은 일요일마다 4파운드를 받았다.
  c. 윌슨은 8주 동안 빨간 머리 연맹을 위해서 일했다.

---

1 **be to + 동사원형** ···해야 하다
I was to copy every word in every volume of the *Encyclopedia
Britannica*.
나는 브리태니카 백과사전 전 권의 단어 하나하나를 필사해야 했어요.

2 **be determined to + 동사원형** ···을 하기로 결심하다
However, I was determined to check it out myself.
하지만 나는 직접 한번 알아보기로 결심했어요.

"Yes," said Mr. Wilson. "This morning when I went to work, the door was locked, with a notice pinned to it. Here it is."

Mr. Wilson held up a piece of white cardboard about the size of a sheet of notepaper. It read in this fashion:

THE RED-HEADED LEAGUE IS DISSOLVED.

Oct. 9, 1890.

It all seemed so silly that Holmes and I both burst into laughter.

"I can't see anything funny about this!" cried Mr. Wilson, blushing to the roots of his fiery hair.

"I'm sorry," said Holmes, trying not to smile. "It's just so refreshingly unusual. Tell me what steps you took next."

"I went to see the landlord," said Mr. Wilson. "He'd never heard of the Red-Headed League or Duncan Ross. But when I described Mr. Ross, he knew him. He's actually a lawyer named William Morris who rented the office temporarily and moved out yesterday. The landlord gave me an address for Mr. Morris, so I went there. It's a factory that makes artificial kneecaps. No one there had heard of Mr. William Morris."

□ be pinned to ···에 핀으로 꽂혀 있다
□ about the size of ···만한 크기의
□ in this fashion 이런 식으로
□ be dissolved 해산되다
□ burst into laughter 웃음을 터뜨리다
□ blush to the roots of one's hair
　(부끄러워) 귀밑까지 빨개지다
□ refreshingly 신선할 정도로
□ take a step 조치를 취하다
□ temporarily 일시적으로, 임시로
□ move out 이사를 나가다
□ artificial 인조(인공)의
□ kneecap 무릎뼈, 슬개골

"What did you do then?" asked Holmes.

"I went home and asked Vincent what I should do," said Mr. Wilson. "He wouldn't give me any advice, so I came here to see you."

"That was wise of you," said Holmes. "I think this [1] case may be graver than it appears."

"Grave enough!" said Mr. Wilson. "I've lost a wage of four pounds a week."

"Well, yes," said Holmes. "But you've earned about thirty pounds in the past two months. And you've spent your time reading the encyclopedia. You've [2] learned something and lost nothing."

"I suppose you're right," said Mr. Wilson. "But I want to find out why they played this trick on me."

"We will endeavor to clear up these points for you. [3] But one question, how long had your assistant been working for you when you took the job?" asked Holmes.

☐ grave 심각한, 중대한
☐ play a trick on …을 속이다,
　…에게 장난을 치다
☐ clear up 해결〔설명〕하다
☐ work for (직장을) 다니다

☐ stout 통통한
☐ scar 흉터
☐ forehead 이마
☐ in excitement 흥분하여
☐ contact (전화나 편지 등으로) 연락하다

"A month," said Mr. Wilson.

"Describe him to me," said Holmes.

"He's small and stout, around thirty years old. He has a white scar on his forehead," said Mr. Wilson.

Holmes sat up in excitement.

"I thought as much!" he said. "Thank you, Mr. Wilson. Today is Saturday. I'll contact you on Monday."

---

1 **That〔It〕is＋형용사(A)＋of＋목적어(B)** (앞 문장을 받아 …하다니) B는 A하다
   That was wise of you.
   당신은 현명했습니다.

2 **spend＋시간＋…ing** …하면서 시간을 보내다
   And you've spent your time reading the encyclopedia.
   그리고 당신은 백과사전을 읽으면서 시간을 보냈습니다.

3 **endeavor to＋동사원형** …하려고 애쓰다〔노력하다〕
   We will endeavor to clear up these points for you.
   우리가 당신을 위해 이 문제들을 해결하려고 애쓸 겁니다.

 # Check-up Time!

● **WORDS**

퍼즐의 빈칸에 들어갈 알맞은 철자를 써서 단어를 완성하세요.

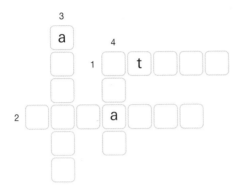

Across

1. 통통한
2. 빈자리, 공석

Down

3. 일, 사건
4. 흉터

● **STRUCTURE**

알맞은 단어를 보기에서 골라 문장을 완성하세요.

for	under	as

1 Vincent could earn twice _____ much if he worked for someone else.

2 He said I would have to be in the office ten until two _____ all circumstances.

3 Mr. Hopkins left instructions for his fortune to be used to provide jobs _____ red-headed men.

● COMPREHENSION

본문의 내용과 일치하면 T, 일치하지 않으면 F에 표시하세요.

1 The Red-Headed League advertisement said an easy job is open to red-headed men. ☐ T ☐ F

2 Wilson tugged Mr. Ross's hair to check whether it was real. ☐ T ☐ F

3 Wilson lost a wage of five pounds for working at the Red-Headed League. ☐ T ☐ F

● SUMMARY

빈칸에 맞는 말을 골라 이야기를 완성하세요.

Mr. Wilson, Holmes' (　　　) visitor, had a fascinating story to tell. He was a pawnbroker and he had an assistant who was willing to work for (　　　) wages. Two months ago his assistant showed him the (　　　) that said the Red-Head League would provide an easy and well-paid job. Wilson took the job, but after (　　　) weeks it ended.

---

a. eight

b. low

c. advertisement

d. red-headed

The Hole in the Floor

바닥의 비밀 통로

"Well, Watson," said Holmes when our visitor had gone, "what do you make of it all?"

"I make nothing of it," I answered frankly.

"Featureless crimes are usually the most puzzling," said Holmes. "I must think about it for a while."

He curled up in his chair, with his thin knees under his nose. He sat like that for nearly an hour with his eyes closed. Suddenly, he jumped up from his chair.

"If you have some spare time, why don't we go to town and have some lunch?" he said.

"Yes, I'd like that," I said.

We took the subway to Aldersgate and walked to Mr. Wilson's pawnshop. It was a small shabby place with JABEZ WILSON written above the door. Holmes took a hard look at it. He tapped loudly on the [1] sidewalk with his walking stick. Then he went up to the door and knocked. A bright-looking young man opened the door and invited him in.

"Thank you," said Holmes. "I only wanted to ask you the way to the Strand."

"Take the third street to the right and the fourth to the left," said the man as he closed the door.

□ frankly 솔직히
□ featureless 특색 없는
□ puzzling 헷갈리게 하는
□ curl up (앉아서) 몸을 웅크리다
□ spare time 여가 시간(짬)

□ tap on …을 톡톡 두드리다
□ bright-looking 똑똑해 보이는
□ invite ... in …에게 들어오라고 말하다
□ take ... to the right(left) …에서
　오른쪽(왼쪽)으로 돌다

1　take a hard look at …을 날카롭게 관찰하다
　Holmes took a hard look at it. 홈즈는 그것을 날카롭게 관찰했다.

"He is, in [1] my judgment, the fourth smartest man in London," said Holmes as we walked away. "I've known something of him before."

"Evidently," I said. "You asked for directions merely in order to see him, didn't you?"

"Not him," said Holmes, "just the knees of his trousers."

"And what did you see?" I asked.

"I saw what I expected to see," said Holmes.

"Why did you tap the sidewalk with your stick?" I asked.

"It's time for observation, Watson," said Holmes. "Let's explore the rest of the area."

We turned the corner and found ourselves on one of the busiest streets in London. We were surprised to see the fine shops and buildings so close to the pawnbroker's.

"Let's see," said Holmes, glancing at the buildings in the street. "I'd like to know the exact order of the houses in this part of London. There is Mortimer's, the tobacconist, the little newspaper shop, the Coburg branch of the City and Suburban Bank, and the Vegetarian Restaurant."

□ know of …에 관해 간접적으로 알다
□ evidently 보기에는
□ observation 관찰, 감시
□ explore 탐사〔답사〕하다
□ find oneself + 장소
   (깨닫고 보니) …에 있다

□ pawnbroker's (shop) 전당포
   (= pawnshop)
□ tobacconist 담배 가게
□ branch 지사, 분점
□ vegetarian 채식주의자

1 **in one's judgment** …의 판단으로는
   He is, in my judgment, the fourth smartest man in London.
   그는 내 판단으로는 런던에서 네 번째로 똑똑한 사람일세.

After a few moments Holmes said, "Now Watson, we've done our work. It's time for a sandwich and coffee."

While we were having lunch, Holmes seemed to relax and put the case out of his mind. But as we [1] finished our meal, he became serious again.

"I need your help tonight," he said. "A considerable crime is being contemplated. Can you meet me at Baker Street at ten o'clock?"

"I'll be there on time," I said.

"Excellent," he said. "And Watson, please bring your gun in case we run into danger."

He waved his hand, turned, and disappeared among the crowd.

☐ **meal** 식사〔끼니〕
☐ **considerable** 상당한, 중요한,
　무시하지 못할
☐ **contemplate** 계획하다
☐ **in case** (…할) 경우에 대비해서

☐ **run into danger** 위험에 처하다
☐ **wave** 흔들다
☐ **police detective** 형사
☐ **chairman** 의장, 회장
☐ **director** (단체의) 이사, 중역

---

1 **put ... out of one's mind** (일부러) …을 잊어버리다
Holmes seemed to relax and put the case out of his mind.
홈즈는 느긋이 쉬면서 그 사건은 잊어버린 것 같았다.

When I arrived at Baker Street, two hansoms were standing outside. Holmes was in his apartment with two men. One of them was Peter Jones, the police detective, while the other was a tall, thin man whom I didn't know.

"Watson, you know Detective Jones," said Holmes. "And this is Mr. Merryweather. He's the chairman of the bank directors."

"We'll be working together tonight, Dr. Watson," said Detective Jones.

"If you follow my plan," said Holmes, turning to Detective Jones, "you'll catch the man you wish to lay your hands on; a master criminal."

"Yes," said Detective Jones. "John Clay. He's a murderer, a thief, and a forger. His grandfather was a royal duke and he himself went to Eton* and 영국 남동부에 위치한 명문 사립 중고등학교예요. Oxford. He's clever and cunning. I've been after him for years, but I've never seen hide nor hair of him." [1]

"I hope I may introduce you to him tonight. Let's go!" said Holmes. "Jones, take the first hansom with Mr. Merryweather. Watson and I will follow you."

We finally reached the busy road behind the pawnshop. Following the guidance of Mr. Merryweather, we passed down a narrow lane. He unlocked a side door and we walked down a flight of stone steps to another gate. He stopped to light a lantern before showing us into a large cellar. Huge piles of heavy wooden boxes stood against the walls.

"You're not very vulnerable from above," said Holmes as he held up the lantern and gazed about him.

"Nor from below," said Mr. Merryweather, striking his stick on the floor.

☐ lay one's hands on ⋯을 붙잡다, 손에 넣다
☐ master criminal 대 범죄자
☐ forger 위조범
☐ royal duke 왕족 공작 (prince의 칭호를 가짐)
☐ cunning 교활한

☐ guidance 지도, 안내
☐ lane 길, 골목
☐ flight of steps (층에서 층까지의) 계단
☐ stand against ⋯에 세워져 있다
☐ vulnerable 견고하지 못한, 공격받기 쉬운

1 never (not) see hide nor hair of ⋯의 그림자도 못 보다
I've been after him for years, but I've never seen hide nor hair of him. 나는 몇 년 동안 그의 뒤를 쫓았지만 그의 그림자도 못 봤습니다.

"Dear me! It sounds quite hollow!" Mr. Merryweather said looking up with a surprised expression. [1]

"Quiet, please!" said Holmes.

Kneeling on the floor with the lantern and a magnifying glass, Holmes began to examine the cracks between the paving stones. A few seconds later, he sprang to his feet. [2] 이유를 부가적으로 설명할 때 쓰는 접속사로 '그 이유는'이라고 해석하면 된답니다.

"We have an hour before us," said Holmes, "for they will hardly take any steps until the pawnbroker is in bed. We're in the cellar of the City branch of a London bank, Watson. We expect an attempted robbery tonight."

"Yes," said Mr. Merryweather. "The bank has thirty thousand napoleons from the Bank of France. It's stored in these boxes." 옛 프랑스의 20프랑짜리 금화예요.

□ Dear me! 이런!
□ hollow (속이) 빈
□ kneel 무릎을 꿇다
□ crack 틈, 금
□ paving stone 포장용 돌
□ attempted 시도한; 미수에 그친
□ robbery 절도

□ store 보관[저장]하다
□ shot 총성
□ fire back at …에게 대응 사격하다
□ crouch down 쭈그리고 앉다
□ go black (사방이) 캄캄해지다
□ completely 완전히

"It's time to arrange our plans," said Holmes. "We'll hide behind the boxes. Watson, if you hear a shot, fire back at them."

I placed my gun on the top of the wooden case and crouched down behind it. Holmes closed the cover of the lantern and the room went completely black.

"They have only one way to escape," whispered Holmes. "I hope you've done what I asked, Jones?"

"Three policemen are waiting at the front door of the shop," said Detective Jones.

"Good! And now we must be silent and wait," said Holmes.

---

1 **with a surprised expression** 놀란 표정으로
Mr. Merryweather said looking up with a surprised expression.
메리웨더 씨는 놀란 표정으로 고개를 들면서 말했다.

2 **spring to one's feet** 벌떡 일어서다
A few seconds later, he sprang to his feet. 몇 초 후, 그는 벌떡 일어섰다.

Four of us waited for an hour and a quarter, yet it appeared to me that the night must have almost [1] gone. Suddenly I saw a faint light coming from the cracks between the stones on the floor. A moment later, one of the stones was pushed aside. A clean cut face peeped out. The man pulled himself up and turned to pull another man through the hole. The second man was small with flaming red hair.

Holmes sprang out from behind the boxes and seized the first man. The second man dived down the hole before Mr. Jones could catch him.

"It's no use, John Clay," said Holmes. "We have you."

"So I see," said Clay, with the utmost coolness. "But you've let my partner escape."

"Three policemen are waiting for him at the front door," said Holmes.

"Well done," said Clay calmly. "You seem to have planned everything carefully."

---

1 **must have + p.p.** 분명 …했다, …했던 것이 틀림없다
It appeared to me that the night must have almost gone.
나는 분명 그 밤이 거의 다 지난 것처럼 느껴졌다.

- □ faint 희미한
- □ be pushed aside 옆으로 치워지다
- □ clean cut 말쑥한
- □ peep out 나타나다
- □ flaming 불타는 듯한
- □ spring out from behind
  ··· 뒤로부터 튀어나오다
- □ dive down ···아래로 (급히) 움직이다
- □ be no use ···은 소용없다
- □ utmost 최고의, 극도의
- □ coolness 냉랭함, 차분함

Mini-Less⚙️n

완료부정사: to have + p.p.

주절의 시제보다 이전에 일어난 일을 나타낼 때 완료부정사 「to have + p.p.」를 쓴답니다.

- You seem to have planned everything carefully. 당신은 모든 일을 신중히 계획했던 것 같군.
- My reward is to have worked on such an unusual case.
  보상은 이토록 독특한 사건을 조사했던 것으로 충분합니다.

"And so did you," said Holmes. "Your red-headed idea was new and effective."

Detective Jones handcuffed Clay and led him away.

"Mr. Holmes," said Mr. Merryweather. "You've detected and defeated one of the biggest bank [1] robberies ever planned. How can I repay you?"

"My reward is to have worked on such an unusual case," said Holmes.

Back at Holmes' apartment, he explained the details of the case.

"The reason for the Red-Headed League job was obvious from the start," said Holmes. "It was a way to get Mr. Wilson out of his shop for a few hours every day. They put in the advertisement, then one rented a temporary office and the other incited Mr. [2] Wilson to apply for it. In this way, they secured his absence every morning in the week."

"But how did you guess what they were doing?" I asked.

□ effective 효과적인
□ handcuff …에게 수갑을 채우다
□ lead ... away …을 끌고 가다
□ detect 발견〔감지〕하다
□ defeat 무산시키다
□ repay …에게 보상하다

□ put in the advertisement
  광고를 내다
□ temporary office 임시의 사무실
□ secure …을 (힘들게) 확보하다, 얻어
  내다
□ absence 부재

---

1 최상급(A)＋명사(B)＋ever 역대로 가장 A한 B
You've detected and defeated one of the biggest bank robberies ever planned.
당신은 역대로 가장 큰 규모의 은행 털이 사건을 감지하고 무산시키셨습니다.

2 incite＋목적어(A)＋to＋동사원형(B) A를 부추겨 B하게 만들다
One rented a temporary office and the other incited Mr. Wilson to apply for it.
한 명은 임시 사무실을 빌렸고 다른 한 명은 윌슨 씨를 부추겨 그 일에 지원하게 만들었네.

"I thought of the assistant's fondness for photography and disappearing into the cellar," said Holmes. "I made inquiries and found that he was one of the most daring criminals in London. And suddenly his fondness for the cellar made sense! He was digging a tunnel to another building! I tapped on the sidewalk outside the pawnshop to ascertain where he was digging to. It wasn't in front. When we walked to the corner, I saw that the back of the bank was close to the pawnshop."

"And how did you know that they would break into the bank tonight?" I asked.

"When they closed the Red-Headed League office, I knew they had completed the tunnel," he said. "But it was essential that they use the tunnel before the gold was removed. Saturday would be good since it would give them two days to escape. Therefore I expected them to come tonight."

☐ fondness for ···을 좋아함
☐ make an inquiry 조사하다
☐ daring 대담한, 위험한
☐ make sense 이해가 되다
☐ ascertain 알아내다, 확인하다
☐ break into (건물)에 침입하다

☐ reason ... out ···을 추론해내다
☐ beautifully 멋지게, 아주 잘
☐ boredom 지루함
☐ commonplace 평범함
☐ benefactor 은인
☐ of use 쓸모 있는, 도움이 되는

"You reasoned it out beautifully," I said. "There were so many clues and you didn't miss one."

He shrugged his shoulders and yawned.

"It saved me from boredom," he said. "These little problems help me escape from the commonplace."

"And you are a benefactor of the nation," I said.

He shrugged his shoulders.

"Perhaps what I do is of some use," he remarked. "After all, it is the work that is important, not the man who does it."

 Why did the criminals pick Saturday to break into the bank?
  a. Because they knew Holmes would come soon.
  b. Because the gold would be removed on Sunday.
  c. Because it would give them enough time to escape.

Mini-Less✺n

It is essential (necessary, important) + that절

It is ... that 구문에 당위성이나 강제성이 있는 형용사 essential, necessary, important 등이 올 때, 뒤에 오는 that절에는 「should+동사원형」을 쓰는데요, 이 때 should는 생략되기도 한답니다.

• But it was essential that they (should) use the tunnel before the gold was removed.
  하지만 금이 없어지기 전에 그들은 터널을 사용해야 할 필요가 있었네.

• It is necessary that we (should) finish our assignment beforehand.
  우리가 숙제를 미리 끝내 놓는 것이 필요하다.

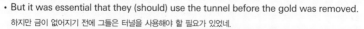

Check-up Time!

● **WORDS**

빈칸에 알맞은 단어를 보기에서 골라 써넣으세요.

tapped	peeped	contemplated

1 A considerable crime is being _____.

2 A clean cut face _____ out through the hole.

3 Holmes _____ loudly on the sidewalk with his walking stick.

● **STRUCTURE**

알맞은 단어를 골라 문장을 완성하세요.

1 He is, (in / from) my judgment, the fourth smartest man in London.

2 It was essential that they (used / use) the tunnel before the gold was removed.

3 You seem to (plan / have planned) everything carefully for the last two weeks.

빈칸에 알맞은 내용을 찾아 문장을 완성하세요.

1 Holmes asked Mr. Wilson's assistant for directions

_____.

    a. in order to see his face
    b. in order to see his trousers' knees

2 Holmes tapped on the sidewalk outside the pawnshop

_____.

    a. to ascertain where Wilson's assistant was digging to
    b. to check whether the tunnel had been completed

● SUMMARY

빈칸에 맞는 말을 골라 이야기를 완성하세요.

> Holmes went to the pawnshop to check Wilson's assistant, and he detected that the assistant had dug a (   ) to a bank. Holmes, Watson, a detective, and the banker went to the (   ) of the bank and waited. They (   ) Wilson's assistant, who planned to steal gold coins. The Red-Headed League turned out to be his idea to get Wilson (   ) the shop.

a. cellar   b. out of   c. seized   d. tunnel

ANSWERS

After
the Story

Reading X-File 이야기가 있는 구문 독해
Listening X-File 공개 리스닝 비밀 파일!
Story in Korean 우리 글로 다시 읽기

It's simplicity itself, Watson.

간단하네, 왓슨.

★　★　★

〈보헤미아의 스캔들〉에서 셜록 홈즈는 오랜만에 만난 왓슨의 최근 행적을 알아맞힙니다. 왓슨은 홈즈의 추리력에 놀라움을 감추지 못하며 홈즈의 추리방식을 묻지만 홈즈는 그저 위와 같이 간단하다고 일축하죠. 여기서 홈즈는 간단하다는 표현을 형용사 simple이 아닌 simplicity itself를 써서 표현했는데요, 이처럼 추상명사 뒤에 재귀대명사 itself를 쓰면 '매우 …한'이라는 뜻이 만들어진답니다. 그럼 이 표현을 홈즈와 왓슨의 대화로 다시 살펴볼까요?

Holmes

I only saw Irene Adler for a moment running out of her house, but she was beauty itself.

난 집 밖으로 뛰어나오는 아이린을 잠깐밖에 못 보았지만 그녀는 매우 아름다웠다네.

Watson

I wish I could see her too.

나도 그녀를 한번 보면 좋겠는데.

They would have taken the lady's purse if he hadn't stopped them.

만약 그가 그들을 막지 않았다면, 그들은 여인의 지갑을 훔쳐갔을 거예요.

★ ★ ★

〈보헤미아의 스캔들〉에서 홈즈는 아이린의 집에 들어가 감춰둔 사진의 위치를 알아보기 위해 수를 씁니다. 자신은 아이린의 집 앞에서 피를 흘리며 쓰러지고 미리 고용한 노파가 바람을 잡기 위해 위와 같은 말을 하게 만든 거죠. 위에서 볼 수 있는 주어＋would＋have＋p.p.＋if＋주어 ＋had＋p.p.는 '만약 …했다면 ~했을 것이다' 라는 뜻의 가정법 과거완료 표현이랍니다. 그럼 아이린과 그녀의 남편과의 대화를 통해 이 표현을 다시 한번 익혀봐요?

Irene

I wouldn't have let him come to my house if I had recognized Sherlock Holmes, the best detective ever.

만약 내가 명탐정 셜록 홈즈를 알아봤다면 그를 내 집에 들이진 않았을 거예요.

Godfrey

I'm sure you wouldn't. But as you know he is a master of disguise.

그랬겠지. 하지만 당신도 알다시피 그는 변장술의 달인이잖소.

Run down to the advertising agency and have this put in the evening papers.

광고 대행사로 달려가서 석간신문에 이것이 실리도록 하게나.

★　★　★

〈푸른 카벙클〉에서 수위 피터슨은 길거리에서 폭력배들이 한 사내를 공격하는 것을 목격하고 그가 떨어뜨리고 간 모자와 거위를 홈즈에게 가져옵니다. 며칠 후 거위 안에서 푸른 카벙클이 발견되자 홈즈는 다급하게 거위의 주인을 찾기 위해 피터슨을 시켜 위와 같이 신문에 광고를 내게 하죠. 이 때 '(누구를 시켜) …이 ~되도록 하다' 라는 의미를 전하기 위해 have + 목적어(A) + p.p.(B)가 쓰였답니다. 그럼 홈즈와 피터슨의 대화로 이 표현을 다시 볼까요?

Bring the goose to your wife and have it cooked before it goes bad.

저 거위를 자네 부인에게 가져가서 상하기 전에 요리되도록 시키게나.

Holmes

Wow, I'm getting a free goose. My wife will be delighted.

와, 제가 공짜로 거위를 얻게 되는군요. 제 아내가 매우 좋아할 겁니다.

Peterson

It was essential that they use the tunnel
before the gold was removed.

그들에게는 금이 옮겨지기 전에 터널을 이용하는 것이 중요했네.

★　★　★

〈빨간 머리 연맹〉에서 홈즈는 전당포 주인을 부추겨 연맹에서 제공하는 일에 지원하도록 만든 점원을 수상히 여깁니다. 이내 그가 전당포와 맞붙은 은행으로 통하는 지하 터널을 파고 있다는 것을 감지하고, 범죄 현장에서 점원을 잡는 데 성공하죠. 후에 홈즈는 일련의 추리 과정을 왓슨에게 설명하면서 위와 같은 말을 하는데요, 여기서 '…하는 것이 중요하다[필수적이다]'라는 뜻으로 It is essential that + 주어 + (should) + 동사원형이 쓰이고 있답니다.

This case involves lots of money.
We should surely play it right.

이번 건은 많은 돈이 걸려 있네.
이번 일을 실수 없이 잘 해야 되네.

Ross

Certainly. So it is essential that Wilson
should not be in the pawnshop.

물론일세. 그러니까 윌슨이 전당포에 없어야 하는 것이 중요하네.

Clay

01 목을 울려주세요~

j로 시작하는 단어는 울림을 가지고 [쥐]로 발음하세요.

우리가 많이 쓰는 단어 jet를 [제ㅌ]로 발음하고 있나요?
이제는 [쥐에ㅌ]로 발음하세요. j는 우리말 [ㅈ]와 비슷하
다고 알고 있지만 사실 j로 시작하는 단어는 울림을 가지
고 힘을 많이 넣어 [쥐]로 발음해야 한답니다. 이런 경우
를 본문 32쪽과 99쪽에서 살펴볼까요?

Half an hour later, he came out and (①   )
into the cab.

① **jumped** [점ㅍㅌ]가 아니라 울림을 넣어
[쥐엄ㅍㅌ]로 발음했어요.

It's (②   ) so refreshingly unusual.

② **just** [저ㅅㅌ]보다는 [쥐어ㅅㅌ]로 발음하세요.

02 리듬을 타면서 강약을 주세요!

pre- 와 pro- 는 [퍼ㄹ]로 약하게 발음하세요.

접두사로 많이 쓰이는 pre-와 pro-는 어떻게 발음하고 있나요? [프리]와 [프로]로 정직하게 발음하고 있지 않나요? 하지만 실제 원어민 발음은 [퍼ㄹ]에 가깝답니다. 이는 pre-와 pro-가 접두사이기 때문에 굳이 강하게 발음할 필요가 없어서 약하게 발음하기 때문이지요. 그럼 이런 예를 본문 37쪽과 92쪽에서 찾아볼까요?

> Holmes rushed forward to (①) her but as he reached her, he gave a cry and fell to the ground.

① **protect** [프로텍트]보다는 [퍼ㄹ텍트]에 가깝게 들렸죠?

> "He's still with you, I (②)?" asked Holmes.

② **presume** [프리줌]이 아니라 [퍼ㄹ줌]으로 발음해 보세요.

03 끊지 말고 연결해주세요~

앞 단어의 마지막 자음이 뒷 단어의 첫 모음과
만나면 연음 현상이 일어나요.

우리말도 두 낱말을 연결해서 발음하는 경우가 있듯이 영
어도 마찬가지인데요, lack와 of를 연결하는 경우에도
[래ㅋ 어브]가 아니라 [래커브]로 발음해요. 이는 앞 단어
의 끝 발음이 자음이고 뒷 단어의 첫 발음이 모음일 때, 이
자음과 모음이 연음되기 때문이에요. 이런 경우를 본문 39
쪽과 80쪽에서 함께 확인해 볼까요?

A moment later I heard Holmes' (　①　) the
house calling out that it was a false alarm.

① **voice inside** [보이스]와 [인싸이드]가 연음되어 [보이슨싸
이드]라고 발음했어요.

I caught a big white one with a black (　②　)
its tail.

② **mark on** [마ㄹㅋ 아ㄴ]이 아니라 [마ㄹ카ㄴ]으로 들렸나
요? 부드럽게 이어서 발음해 주세요.

04 강한 건 싫어요!

문장 속의 to는 약하게 [러]나 [터]로
발음하세요.

다양한 역할과 뜻을 가진 to는 영어 문장에 자주 등장하는
단어입니다. 이렇게 문장 곳곳에 있는 to는 강하게 [투]로
발음하지 않고 [러] 또는 [터]로 발음한다는 사실, 알고
계신가요? 이는 to가 문장 성분상 크게 강조할 필요가 없
는 단어이기 때문이죠. 그럼 이런 예를 본문 78쪽과 95쪽
에서 확인해 볼까요?

You'd have let Mr. Horner (①) prison for a
crime you committed.

① **go to** to 소리가 약화되어 [고우 투]보다는 [고우러]에 가깝
게 들렸죠?

We (②) be careful.

② **have to** [해브 투]가 아니라 [해버터]로 발음했어요.

1장 | 보헤미아의 왕

p.14~15 셜록 홈즈에게 그녀는 항상 '그' 여인이었다. 그의 눈에 그녀는 다른 어떤 여성들보다 우월했다. 그렇다고 그가 아이린 애들러에게 사랑과 비슷한 감정을 느낀 것은 아니었다. 홈즈는 자신이 어떤 감정, 특히 사랑 같은 감정에 빠지는 걸 용인하는 인물이 아니었다. 열정에 휩싸이지 않는 것은 위대한 관찰자가 지닌 장점 중의 하나다. 그럼에도 그녀는 그의 기억 속에 남아 있는 유일한 여성이었다.

어느 날 밤 나는 집으로 가는 길에 홈즈의 아파트를 지나게 되었다. 나는 결혼한 후로 그와 자주 만나지 못했기 때문에 그가 보고 싶었다.

그의 방은 불이 훤히 밝혀져 있었고, 위를 올려다보니 키가 껑충한 그의 몸이 서재 창문 곁을 지나고 있는 게 보였다. 즉시 나는 그가 어떤 사건에 매달리고 있다는 것을 알아차렸다. 나는 호기심이 발동하여 그의 아파트로 가는 계단을 올라갔다.

홈즈는 조용히 나를 맞이했다. 그는 별말 없이 다정한 눈길로 의자에 앉으라는 손짓을 했다. 그리고 불가에 서서 나를 훑어보았다.

"자네한테는 결혼 생활이 잘 맞나 보군." 그가 말했다. "지난 번에 자네를 본 후로 체중이 7.5파운드 늘었군 그래."

"사실은 7파운드라네!" 내가 말했다.

"그런가?" 그가 말했다. "그리고 병원 일을 다시 시작했군, 그렇지 않은가?"

p.16~17 나는 웃지 않을 수 없었다.

"어떻게 알았는가?" 내가 물었다.

"그야 뻔하지." 홈즈가 말했다. "자네에게서 독한 약품 냄새가 나고, 자네가 청진기를 넣고 다니는 중산 모 옆 부분이 불룩하게 나와 있거든. 그리고 자네가 최근에 빗길을 걸어 다녔다는 사실도 알 수 있네. 또 데리고 있는 하녀가 일이 서툴고 조심성이 없다는 것도 알 수 있고."

"자네 말이 맞네." 내가 말했다. "지난 주에 시골길을 걷다가 비를 만났지. 그런데 우리 집 하녀가 조심성이 없다는 건 어떻게 알았는가?"

"그것은 아주 간단하다네, 왓슨." 홈즈가 미소를 지으며 말했다. "자네 왼쪽 신발의 가죽이 심하게 긁혀 있네. 누군가가 신발에서 진흙을 제거할 때 그렇게 한 것이지. 그래서 난 자네가 빗속을 걸었다고 추측했지. 자네 하녀가 신발을 닦을 때 조심하지 않았다는 사실도 함께 말이네."

p.18~19 홈즈 본인이 추론한 방법을 설명해주자 난 웃음을 터뜨렸다.

"자네는 어떻게 그 많은 것을 볼 수 있는가?" 내가 물었다. "내 눈도 자네만큼 좋지만, 난 자네 설명을 듣기 전까지는 그런 것을 볼 수 없는데 말이지."

그가 빙긋 웃으며 말했다. "자네도 보긴 하지만 주의를 기울이지 않을 뿐이네."

홈즈는 허리를 굽혀 테이블에서 분홍색 편지지를 집어 들었다.

"아마 이것에 흥미를 느낄 걸세." 그가 편지지를 내게 던지며 말했다.

"오늘 우편으로 온 거네." 그가 말했다. "크게 한번 읽어 보게."

편지지에는 날짜도 적혀 있지 않았고 서명이나 주소도 없었다.

> 오늘 밤 7시 45분에 중요한 신사가 당신을 방문할 것입니다. 우리는 당신이 믿을 만한 분이라는 것을 알고 있습니다. 그가 방문할 때 댁에 계셔 주시고 그가 가면을 쓰고 있더라도 불쾌하게 여기지 마시길 바랍니다.

"수수께끼 같군." 내가 말했다. "이게 무슨 뜻이라고 보는가?"

"아직은 모르겠네." 그가 말했다. "모든 사실을 입수하기 전에 이론을 세우는 것은 옳지 않아. 하지만 자네는 이 편지만 보고 추론할 수 있는 것이 있는가?"

나는 필체와 편지지를 세심하게 살펴보았다.

"이 편지를 쓴 사람은 아마도 부자인 것 같은데." 내가 말했다. "편지지가 비싼 것이니까 말이네. 상당히 두껍고 꽤 질기거든."

"맞네." 홈즈가 말했다. "자, 그걸 들어서 불빛에 비춰보게."

그렇게 해봤더니 편지지에 새겨진 *Eg P Gt*라는 글자가 보였다.

"이건 틀림없이 종이 제조업자의 이름일 거네." 내가 말했다.

"여기서 *Gt*는 게젤샤프트, 즉 회사를 의미하는 독일어지." 홈즈가 말했다. "*P*는 파피에르, 즉 영어로 종이를 의미하고 *Eg*는 종이가 제조된 도시 이름 같아. 지명 사전을 한번 보자고."

p.20~21 홈즈는 서가에서 두툼한 책 한 권을 꺼냈다.

"여기 있네! 에그리아." 그가 말했다. "보헤미아에 있는 도시로 독일어를 사용하는 곳이지. 아하! 그렇다면 이건 무엇을 의미하겠나?"

"종이가 보헤미아의 에그리아 종이 회사에서 제조되었다는 것이지." 내가 말했다.

"바로 그거야!" 그가 말했다. "이젠 이 글을 쓴 사람이 원하는 게 뭔지 궁금하군."

바로 그때 거리에서 말발굽 소리가 들렸다.

"오, 그 사람이 왔네." 홈즈가 창문 밖을 슬쩍 내다보며 말했다. "마차가 아담하고 근사한데, 한 쌍의 말도 마차와 잘 어울리는군."

"난 가보는 게 좋겠네." 내가 말했다.

"그냥 있게나." 홈즈가 말했다. "난 자네 도움이 필요하고 내 손님도 그렇다네. 더군다나 이번 사건은 흥미진진할 것 같네."

p.22~23 계단을 오르는 발소리가 나더니 곧 문을 두드리는 소리가 크게 울렸다.

"들어오세요!" 홈즈가 말했다.

안에 들어선 남자는 키가 줄잡아도 6피트 6인치는 돼 보였고, 헤라클레스 같은 건장한 가슴과 팔다리를 지니고 있었다. 그는 눈과 코를 가린 검은 가면을 쓰고 있었다.

"내 편지를 받았소?" 그가 독일 억양이 섞인 굵은 목소리로 물었다.

"네." 홈즈가 말했다. "이쪽은 제 친구인 왓슨 박사입니다. 제가 당신을 어떻게 불러야 할까요?"

"폰 크람 백작이라고 하면 되오." 방문객이 말했다. "당신의 친구는 믿을 만한 분이오? 그렇지 않다면 당신하고만 얘기하고 싶소."

나는 가려고 일어섰지만, 홈즈가 나를 밀어 다시 의자에 앉혔다.

"물론 이 친구는 믿을 수 있습니다." 홈즈가 말했다. "이 친구와 함께가 아니라면 안 됩니다. 이 친구가 빠지면 전 이 사건을 맡지 않겠습니다. 제게 하실 얘기는 뭐든지 이 친구 앞에서 하셔도 됩니다."

그 방문객은 어깨를 으쓱했다.

"그렇다면 얘기를 시작하겠소." 그가 말했다. "솔직히 말하면, 아까 내가 밝힌 신분은 가짜요."

"저도 알고 있었습니다." 홈즈가 말했다.

"내가 갖고 있는 정보는 유럽의 한 왕가를 큰 곤경에 빠뜨릴 수 있는 내용이오." 그 방문객이 말했다. "이는 보헤미아의 왕과 관련된 일이오."

"그것도 알고 있었습니다, 폐하." 홈즈가 말했다.

p.24~25   남자는 놀란 얼굴로 홈즈를 쳐다보더니 방안을 왔다갔다하기 시작했다. 분명 그의 마음은 동요하고 있었다. 그때 그는 체념하는 듯한 몸짓으로 얼굴에서 가면을 벗어 바닥에 던져 버렸다.

"그렇소! 나는 왕이오." 그가 소리쳤다. "내가 왜 구태여 신분을 숨겨야 하겠나?"

"맞습니다. 저는 폐하께서 말문을 여시자마자 보헤미아의 왕이라는 사실을 알았습니다." 홈즈가 말했다. "이제, 고민을 털어놓으십시오."

"나는 5년 전 바르샤바에 오랫동안 체류하는 동안 오페라 가수인 아이린 애들러를 만났소." 왕이 조용히 말했다. "당신도 틀림없이 그 이름을 잘 알 것이오."

"내 색인에서 그녀의 이름을 좀 찾아주겠나, 왓슨?" 홈즈가 요청했다.

오랫동안 홈즈는 사람과 사건에 관한 정보를 분류해 놓은 자료 관리 체계를 갖추고 있었다. 그래서 나는 금세 색인에서 그녀의 약력을 찾을 수 있었다.

"어디 한번 볼까요." 홈즈가 말했다. "그녀는 바르샤바 임페리얼 오페라단에 소속된 프리마 돈나였군요. 지금은 은퇴해서 런던에 살고 있고요. 아하! 폐하께서는 애들러 양과 은밀한 관계셨군요. 하지만 폐하께서 무엇 때문에 그렇게 걱정하시는지 모르겠군요."

"그녀는 우리 두 사람의 사진을 가지고 있소." 왕이 말했다.

"오! 그건 좋지 않은 상황이군요! 폐하께서 좀 더 신중하게 처신하셨어야 했는데 말입니다." 홈즈가 말했다.

p.26~27   "내가 부주의한 탓이오." 왕이 말했다. "하지만 당시 나는 젊고 무모한 왕자였소. 지금은 왕이고 스칸디나비아 공주와 결혼할 예정이오. 아이린은 월요일에 공주에게 사진을 보낼 심산이오.

"그렇다면 3일 남았군요." 홈즈가 말했다. "폐하께서는 한동안 런던에 머무실 겁니까?"

"그렇소. 나는 랭험 호텔에 폰 크람 백작이라는 이름으로 머물고 있소." 왕이 말했다.

"그러면 우리의 진척 상황을 알려드리기 위해 간단한 편지를 보내 드리겠습니다." 홈즈가 말했다. "그리고 보수는 어떻게 하시겠습니까?"

"백지 수표를 주겠소. 그 사진을 입수한다면 내 왕국

의 한 곳이라도 떼어 주겠다." 왕이 말했다.

"착수금은요?" 홈즈가 물었다.

왕은 테이블에 묵직한 가방을 올려놓았다.

"이 가방 안에 금화 삼백 파운드와 지폐 칠백 파운드가 들어 있소." 그가 말했다.

"애들러 양의 주소는 어떻게 됩니까?" 홈즈가 물었다.

"세인트 존스 우드에 있는 브라이오니 로지에 살고 있소." 왕이 말했다.

홈즈는 수첩에 주소를 적었다.

"그 사진은 큰가요, 작은가요?" 홈즈가 물었다.

"가로 6인치 세로 5인치 가량 될 거요." 왕이 말했다.

"자, 이제 필요한 정보는 전부 얻은 것 같습니다." 홈즈가 말했다. "빠른 시일 내로 좋은 소식을 전해드릴 수 있을 겁니다. 안녕히 가십시오, 폐하."

왕이 떠나자 홈즈가 말했다. "잘 가게, 왓슨. 내일 시간이 되면 3시에 들르게. 자네와 이 문제를 상의하고 싶네."

2장 | 그 여인

p.30~31 다음 날 3시에 홈즈의 아파트에 갔을 때 그는 없었으므로 나는 앉아서 그를 기다렸다. 4시에 투박하고 지저분한 옷차림을 한 남자가 집으로 들어왔다. 변장한 홈즈였다. 그는 내게 고개를 끄덕이고는 침실로 들어갔다. 5분 후 그는 깔끔하고 점잖은 모습으로 나왔다. 그는 불가에 앉아 두 다리를 쭉 펴고는 웃음을 터뜨리기 시작했다.

"음." 그가 말했다. "자네는 내가 오늘 아침 어떤 일을 겪었는지 짐작도 못할 걸세."

"난 자네가 아이린 애들러의 집을 살펴보러 갔다고 생각했네." 내가 말했다.

"맞아. 하지만 일이 묘하게 전개되었네." 그가 말했다. "난 오늘 아침 일찍 브라이오니 로지에 가서 그녀에 대해 물어봤지. 모든 사람들이 그녀는 세상에서 가장 아름답다고 얘기하더군. 그녀는 조용히 살면서 가끔씩 음악회에 나가 노래를 부른다고 하더군. 한 남자가 그녀의 유일한 방문객이었네. 갓프리 노턴이라는 변호사더군. 그는 매일 그녀를 방문하는데, 어떤 때는 하루에 두 번도 방문하고 있네."

p.32~33 홈즈는 잠시 입을 다물고 나를 쳐다보았다.

"내 얘기가 따분한 건 아닌지 모르겠군, 왓슨." 그가 말했다.

"아닐세. 매우 흥미롭네." 내가 말했다. "계속해 보게."

"갑자기 이륜마차가 애들러 양의 집 앞에 멈춰 서더니 한 남자가 훌쩍 뛰어내렸지." 홈즈가 말했다. "나는 그 사람이 노턴이라고 생각했지. 그는 집 안으로 뛰어 들어가더군. 30분 후 그는 밖으로 나와 마차에 올랐네. 그는 마부에게 보석 상점인 그로스 앤 행키스에 들렀다가 세인트 모니카 성당으로 가자고 크게 외쳤지. 그리고 마부에게 20분 내로 갈 수 있다면 반 기니를 주겠다고 약속하더군. 그런 다음 또 한 대의 작은 마차가 집 밖에 멈춰 섰어. 애들러 양이 달려나와 마차에 올랐지. 나는 그녀를 잠깐 보았는데 정말 아름답더군. 그녀는 마부에게 '존, 세인트 모니카 성당.'이라고 말했네."

"마차 한 대가 또 오길래 난 그것에 올라탔고 그들의 뒤를 따라 세인트 모니카 성당으로 향했어." 홈즈가 계속해서 말했다. "내가 그곳에 도착했을 때 노턴 씨와 애들러 양은 제단 앞에 서 있더군. 사제도 그들과 함께 있었고. 갑자기 그들이 뒤를 돌아보았고 내가 서 있는 걸 봤지. 그러자 노턴 씨가 내게로 달려오더니 나에게 그들 결혼의 증인이 되어 달라고 부탁했네. 나는 얼떨결에 제단 앞으로 끌려가다시피 했지. 그리고 몇 분 후 아이린 애들러는 갓프리 노턴의 아내가 되었네."

p.34~35 "그건 예상치 못한 일이군." 내가 말했다. "그리고 어떻게 되었나, 홈즈?"

"성당 문 앞에서 그들은 헤어졌네." 홈즈가 말했다. "노턴 씨는 마차를 타고 재판소로 돌아갔고 애들러 양은 자기 집으로 갔고 나는 볼일을 보고 이리로 온 거네. 자, 왓슨, 오늘 저녁에 난 자네 도움이 필요하네. 나와 함께 브라이오니 로지에 가주게. 나는 애들러 양이 나를 알아보지 못하도록 변장을 할 걸세."

홈즈는 침실로 들어가더니 잠시 후 목사가 되어 나왔다.

우리는 6시 15분에 베이커 스트리트에서 출발했고, 거의 어둑해질 즈음에 브라이오니 로지에 도착했다. 길모퉁이에는 허름한 차림의 남자들이 잡담을 나누고 있었다. 두 병사들은 한 젊은 여자와 시시덕거리고 있었고, 다른 사람들은 거리에서 어슬렁거리고 있었다. 우리는 집 근처에서 기다렸다.

"이 결혼 덕분에 우리는 일이 수월하게 풀릴 걸세." 홈즈가 말했다. "그녀는 남편이 그 사진을 보는 걸 원하지 않을 테니까. 난 그녀가 내게 사진을 보여주도록 만들 셈이네."

"그녀가 거절할 텐데." 내가 말했다.

"거절할 수 없을 걸세." 홈즈가 말했다. "들어보게, 마차 바퀴 소리가 들리는군. 그녀의 마차라네. 자, 이제 내가 말한 대로 그대로 하는 걸 잊지 말게."

p.36~37 아이린 애들러의 마차는 집 밖에 멈췄다. 집 근처에서 어슬렁거리던 한 남자가 팁을 받으려는 속셈으로 앞으로 달려와 문을 열어주려고 했다. 다른 남자가 그를 밀쳐내자 싸움이 일어났는데, 때마침 여자가 마차에서 내려섰다.

두 병사가 싸움에 끼어들면서 여자는 몸싸움을 벌이는 남자들 한가운데 갇히게 되었다. 홈즈가 그녀를 보호하기 위해 돌진하여 그녀에게 갔고, 그 순간 그는 비명을 지르며 땅에 쓰러졌다. 그의 얼굴에는 피가 흐르고 있었다. 홈즈가 피범벅이 된 채 땅에 쓰러지는 것을 본 남자들은 모두 등을 돌리고 뺑소니쳤다. 몇몇 이웃들이 부상을 입은 남자를 도우려고 다가왔다. 아이린 애들러는 황급히 현관 앞 계단을 오르다가 멈추고는 거리 쪽을 뒤돌아보았다.

"그 사람 많이 다쳤나요?" 그녀가 물었다.

"죽었어요." 누군가가 외쳤다.

"아뇨, 살아 있어요." 또 다른 누군가가 외쳤다. "하지만 심하게 다쳤어요."

p.38~39 "참 용감한 사람이에요." 한 노파가 말했다. "이 사람이 그 사람들을 막지 않았다면 아가씨의 지갑을 가져갔을 거예요. 오, 이제 숨을 쉬네요."

"거리에 이렇게 누워 있게 놔둘 수는 없는데요." 어떤 이가 말했다. "집 안으로 모셔 놓을까요, 아가씨?"

"그러세요. 거실로 모시세요. 이쪽으로요." 아이린 애들러가 말했다.

사람들은 홈즈를 집 안으로 옮겨 거실의 소파 위에 눕혀 놓았다. 나는 창문을 통해 그를 지켜보며 호주머니에서 연막탄을 꺼내 쥐고 대기했다.

홈즈는 소파에서 몸을 곧추세우려고 애쓰면서 바람을 쐬고 싶다는 듯 손으로 창문을 가리켰다. 그러자 하녀가 창문으로 달려가 문을 열었다. 그 순간, 홈즈가 손을 들어 올렸고 나는 연막탄을 방 안에 던져 넣었다.

"불이야!" 내가 고함을 질렀다. "불이야!"

갑자기 거리에 있던 사람들이 일제히 외치기 시작했다. "불이야! 불이야!"

짙은 연기가 방 안에 소용돌이치다가 열린 창문 밖으로 쏟아져 나왔다.

잠시 후 집 안에 있는 홈즈가 거짓 경보라고 외치는 소리가 들렸다.

p.40~41 나는 길모퉁이 쪽으로 걸어갔고, 10분 후 홈즈가 뒤따라왔다. 우리는 잰걸음으로 에지웨어 로드로 향했다.

"전부 잘 해냈네, 왓슨." 홈즈가 말했다. "일이 계획대로 완벽하게 진행되었어."

"사진을 입수했는가?" 내가 물었다.

"아니. 하지만 어디 있는지 알고 있네." 그가 대답했다. "내가 말한 대로 그녀가 보여주었지."

"잘 이해가 안 되는군." 내가 말했다.

"간단하네." 그가 대답했다. "거리에 있던 사람들이 전부 이번 계획의 일부였다는 건 자네도 눈치챘겠지? 그들에게 일당을 주고 오늘 저녁에 그곳에 있으라고 한 걸세."

"나도 거기까지는 짐작했네." 내가 말했다. "하지만 연기는 무슨 도움이 되었는가?"

"여자는 자기 집에 불이 나면 본능적으로 가장 소중하게 여기는 물건이 있는 곳으로 달려가지." 홈즈가 말했다. "애들러 양도 그랬지. 그녀는 거실에 있는 미닫이 벽판 뒤에 사진을 보관해 놓았더군. 내가 연기는 거짓 경보라고 외치자 그녀는 그것을 다시 제자리에 갖다 놓았지. 그리고 그녀는 거실에서 달려 나갔어. 하지만 마부가 거실에 들어오는 바람에 그 사진을 빼내 올 수 없었네."

"이번 일의 다음 단계는 무엇인가?" 내가 물었다.

"내일 왕과 함께 그녀를 방문할 생각인데 자네도 원한다면 함께 가고 싶네." 홈즈가 말했다.

"물론 나도 가겠네." 내가 말했다. "몇 시에 방문할 예정인가?"

"아침 8시." 홈즈가 말했다. "그녀는 그 시각에 아직 일어나 있지 않을 걸세. 그러면 우리에게 거실에서 기다려 달라고 하겠지. 우리는 그 사진을 빼낸 후 그녀가 아래층으로 내려오기 전에 나올 거야. 왕에게 즉시 내 계획을 알려야겠네."

`p.42~43` 다음날 아침 홈즈와 내가 토스트와 커피로 식사를 하고 있을 때 왕이 왔다.

"그걸 입수했소?" 그가 다급하게 외쳤다.

"아직입니다." 홈즈가 말했다. "하지만 희망이 있습니다."

"그럼 갑시다. 어서 그곳에 가고 싶소." 왕이 말했다. "내 마차를 대기시켜 놓았소."

우리는 브라이오니 로지를 향해 출발했다.

홈즈는 자신이 아이린 애들러의 결혼식을 참관했다고 왕에게 말했다.

"그녀가 결혼했다고!" 왕이 말했다. "언제 누구하고 말인가?"

"어제 노턴이라는 영국인 변호사와 결혼했습니다." 홈즈가 말했다.

"그녀가 그를 사랑한다는 걸 믿을 수 없소!" 왕이 말했다.

"저는 그러길 바랍니다." 홈즈가 말했다. "그녀가 남편을 사랑한다면 폐하를 사랑하지 않는다는 뜻이 되니까요. 폐하를 사랑하지 않는다면 굳이 폐하의 결혼 계획을 망치려고 하지도 않겠죠."

"맞는 말이오." 왕이 말했다. "하지만…! 음, 난 그녀가 왕가 출신이 아니라는 게 유감이라는 말밖에 할 수가 없군. 그녀는 훌륭한 왕비가 되었을 텐데!"

브라이오니 로지 밖에 도착할 때까지 왕은 내내 침울한 표정으로 침묵을 지켰다.

p.44~45 문이 활짝 열리더니 나이가 지긋한 여인이 층계 위에 섰다.

"셜록 홈즈 씨지요?" 그녀가 물었다.

"제가 홈즈입니다." 그가 미심쩍은 표정을 지으며 말했다.

"주인마님께서 당신이 방문할 것 같다고 말씀하셨어요. 마님께서는 오늘 아침 부군과 함께 유럽으로 떠나셨어요."

"뭐라고요!" 놀란 홈즈가 뒤로 비틀거리며 말했다. "그녀가 영국을 떠났다는 말인가요?"

"그래요! 이곳을 떠나고 이제 영영 돌아오시지 않을 거예요." 여자가 말했다.

우리는 그녀를 밀치고 서둘러 거실로 들어갔다. 홈즈는 작은 미닫이 벽판을 열고 사진 한 장과 편지를 꺼냈다. 사진에는 이브닝 드레스 차림의 아이린 애들러의 모습만이 담겨 있었다. 홈즈는 자신이 수신인으로 되어 있는 편지를 펼쳤다.

> 셜록 홈즈 씨에게,
>
> 정말 수완이 대단하세요. 몇 달 전 저는 만일 왕이 탐정을 고용한다면, 당신일 거라는 경고를 받았어요. 화재 경보 후에도 저는 아무런 의심을 품지 않았죠. 하지만 그때 문득 이 은닉처를 드러냈다는 것을 깨달았어요.
>
> 오늘 저는 남편과 함께 당신의 끈질긴 추적에서 벗어나기 위해 이 나라를 떠납니다. 저는 왕의 결혼을 방해하지 않을 겁니다. 하지만 앞으로 왕이 제게 취할지 모를 부당 행위에 대비해 그 사진은 제가 간직하겠습니다. 저는 왕보다 더 훌륭한 분의 사랑을 받고 있습니다. 여기에 왕이 간직하고 싶을지도 모를 다른 사진 한 장을 남깁니다.
>
> 이만 줄이겠습니다.
>
> 아이린 노턴, 전 애들러

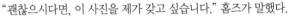

p.46~47 "참 대단한 여자로군!" 왕이 소리쳤다.

"그렇군요. 정말 대단히 영리한 여자예요." 홈즈가 말했다. "하지만 사진을 찾아드리지 못해서 유감입니다, 폐하."

"상관없소." 왕이 말했다. "난 그녀가 약속을 지킬 것이라고 믿소. 자, 이제 내가 당신에게 어떻게 보상을 하면 좋겠소?"

"괜찮으시다면, 이 사진을 제가 갖고 싶습니다." 홈즈가 말했다.

왕은 놀란 표정으로 그를 응시했다.

"뭐, 당신이 원한다면 가지시오." 그가 말했다.

"고맙습니다, 폐하." 홈즈가 말했다.

이것이 보헤미아 왕국을 위협했던 엄청난 스캔들의 내막이자, 한 여인이 셜록 홈즈보다 한 수 위라는 것을 보여준 사건이기도 하다. 예전에 누군가 여자의 총명함에 대해 얘기하면 그는 여자들을 얕잡아보는 농담을 했었는데, 요즘 들어 그런 말을 하는 것을 들어본 적이 없다. 그는 아이린 애들러에 대해 이야기할 때 절대 이름을 부르지 않는다. 그는 '그' 여인이라는 영예로운 호칭을 붙인다.

우리글로 다시 읽기
푸른 카벙클

1장 | 크리스마스 거위

p.54~55 크리스마스 후 이틀째 아침에 베이커 스트리트에 있는 셜록 홈즈의 아파트에 들렀다. 그는 자주색 가운을 입고 소파에 누워 파이프 담배를 피우고 있었다. 소파 옆에 의자 하나가 놓여 있고 등받이에는 지저분하고 낡은 모자가 걸려 있었다. 의자에는 확대경이 놓여 있었다.

"바쁘면 나중에 오겠네." 내가 말했다.

"아닐세, 그냥 있게." 그가 말했다. "앉게, 그러면 그 이야기를 해주겠네. 평범하면서도 흥미롭네."

"말해 보게." 나는 의자에 앉으며 말했다.

"자네 피터슨 알지? 문지기 말이야." 홈즈가 물었다.

"알지." 내가 대답했다.

p.56~57 "다음과 같은 사건이 있었네." 홈즈가 말했다. "크리스마스 날 아침에 피터슨이 집으로 걸어가는 중이었어. 앞에는 키 큰 남자가 하얀 거위 한 마리를 어깨에 짊어진 채 가고 있었지. 한 무리의 불량배들이 그 남자에게 다가와 싸움이 일어났네. 불량배 하나가 남자의 모자를 쳐서 떨어뜨렸지. 남자는 지팡이를 휘둘러 가게 창문을 깨뜨렸고. 피터슨은 남자를 도와주려고 달려갔지만, 그가 제복을 입고 있어 경찰로 보였는지 남자는 잔뜩 겁을 먹고 말았지. 그래서 거위를 떨어뜨리고 달아나버렸네. 불량배들도 줄행랑을 놓았고, 그래서 피터슨은 이 낡은 모자와 크리스마스 거위를 손에 넣게 된 거야. 피터슨은 내가 아주 사소한 문제라도 관심을 가진다는 사실을 알고는 지체 없이 그것들을 내게 가져온 걸세."

"피터슨은 주인을 찾아보려 했는가?" 내가 물었다.

"아니." 홈즈가 말했다. "하지만 거위 다리에는 헨리 베이커라는 이름이 적힌 카드가 묶여 있었네. 그리고 모자의 안감에도 H. B.라는 머리글자가 새겨져 있었고. 그런데 문제는 헨리 베이커가 대단히 흔한 이름이라는 거야. 그리고 거위는 오늘 바로 요리를 해먹지 않으면 상해버릴 테고 말이지. 피터슨은 저녁 식사로 거위 요리를 먹을 거네. 그래서 내게는 이 모자가 남게 된 거고."

"아주 재미있는 이야기군, 홈즈." 내가 말했다. "하지만…"

p.58~59 바로 그때 문이 벌컥 열리더니 문지기인 피터슨이 아파트로 뛰어들어 왔다.

"거위요, 홈즈 씨!" 그는 숨을 헐떡거리며 말했다.

"무슨 일인가?" 홈즈가 물었다. "거위가 살아나서 날아가기라도 했단 말인가?"

"그게 아니고요! 이걸 보세요!" 피터슨이 손을 내밀며 외쳤다. "제 마누라가 거위 뱃속에서 이걸 발견했어요!"

피터슨의 손바닥에는 푸른 별처럼 반짝거리는 조그만 보석이 놓여 있었다. 홈즈는 일어나 앉아 그 보석을 응시했다.

"피터슨." 그가 말했다 "자네는 이게 뭔지 알고 싶은데?"

"다이아몬드잖아요!" 피터슨이 말했다.

"그건 모르카 백작 부인의 푸른 카벙클이네." 홈즈가 말했다. "그 보석은 진기하고 값으로 따질 수 없을 만큼 귀중한 것이네. 요전에 신문 기사에서 그걸 읽었지."

"최근에 도둑맞았지, 안 그런가?" 내가 말했다.

"맞네." 홈즈가 말했다. "백작 부인은 그것을 되찾기 위해 천 파운드의 보상금을 내걸었지."

"천 파운드나요! 세상에!" 피터슨이 말했다.

`p.60~61` "12월 22일 코스모폴리탄 호텔에서 도난 당한 거 아닌가?" 내가 말했다.

"그렇지!" 홈즈가 대답했다.

홈즈는 신문 더미를 뒤적거려 그 신문 기사를 찾았다.

"여기 있네." 그가 말했다.

코스모폴리탄 호텔 보석 도난 사건

26세의 존 호너는 모르카 백작 부인이 소유한 푸른 카벙클이라는 보석을 훔친 혐의로 오늘 체포되었다. 호텔 매니저인 제임스 라이더는 배관 수리를 위해 호너를 백작 부인의 방에 들여보냈다. 라이더가 방에 돌아왔을 때 호너는 떠나고 없었고 화장대 위에 놓여 있던 보석 상자가 열려 있었다. 백작 부인의 하녀 캐서린 쿠삭의 진술도 라이더가 묘사한 내용과 일치했다. 경찰은 호너를 체포했지만, 그는 자신의 무죄를 강력히 주장했다. 보석은 발견되지 않았다.

"음!" 홈즈가 말했다. "어떻게 보석이 거위 뱃속으로 들어갔을까? 그 거위는 헨리 베이커라는 사람, 낡은 모자의 주인 말이지, 그 사람이 가지고 있었네. 우리는 그 사람을 찾아야 하네. 신문에 광고를 내야겠네."

"광고에 뭐라고 쓸 건가?" 내가 물었다.

"이건 어떤가?" 홈즈가 말했다.

`p.62~63` 홈즈가 다음과 같이 쓰기 시작했다.

구즈 스트리트에서 거위와 검은색 모자를 습득함. 헨리 베이커 씨는 베이커 스트리트 221B번지에서 오늘 저녁 6시 30분에 물건을 찾아가기 바람.

"피터슨." 홈즈가 종이쪽지를 그에게 건네며 말했다. "어서 광고사로 가서 이것을 저녁 신문에 실리도록 해주게."

"알겠습니다. 보석은 어떻게 하죠?" 피터슨이 물었다.

"그건 내가 갖고 있겠네." 홈즈가 말했다. "참, 그리고 피터슨, 거위도 한 마리 사 가 지고 와서 여기에 놔두게나. 베이커 씨에게 줘야 하니까 말이야."

문지기가 나가자 홈즈는 카벙클을 불빛 쪽으로 들어올려 비춰 보았다.

"아름다운 보석이군." 그가 말했다. "그리고 모든 특별한 보석이 그렇듯, 이것도 범 죄를 초래한다네. 이 보석은 이미 도난과 살인으로 점철된 불길한 역사를 지니고 있 지. 이건 20년 전쯤 중국 남부의 아모이 강변에서 발견되었어. 이 보석이 특이한 이유 는 카벙클은 대개 붉은색을 띠기 때문이야. 보석을 내 금고에 넣어 두고 백작 부인에 게 우리가 보석을 갖고 있다고 알려야겠군."

"자네는 존 호너가 무죄라고 보는가?" 내가 물었다. "그리고 헨리 베이커는?"

"존 호너에 대해서는 아는 게 전혀 없네." 홈즈가 말했다. "하지만 헨리 베이커가 무죄라는 건 확실해. 오늘 저녁에 다시 오게. 베이커 씨가 6시 좀 넘어서 올 테니까."

p.64~65 나는 6시 30분이 약간 지나 베이커 스트리트에 도착했다. 문 밖의 보도에 서 키 큰 남자가 기다리고 있었다. 우리는 함께 안으로 들어가 2층 홈즈의 아파트로 올라갔다.

"안녕하세요, 베이커 씨." 홈즈가 쾌활하게 말했다. "나는 셜록 홈즈라고 합니다. 난롯가 의자에 앉으세요. 저게 베이커 씨의 모자인가요?"

"맞습니다." 베이커 씨가 말했다.

헨리 베이커는 머리가 큼지막한 거구의 남자로, 얼굴은 지적이고 잿빛 턱수염을 기 르고 있었다. 허름한 코트를 입고 있는데 앞 단추를 목까지 전부 채웠고 속에는 셔츠 를 입지 않았다.

"우리는 당신이 신문에 광고를 낼 거라고 생각했어요." 홈즈가 말했다. "왜 신문에 광고를 내지 않으셨죠?"

베이커 씨는 당황한 표정을 지었다.

"저, 홈즈 씨." 그가 말했다. "저는 저를 공격한 사람들이 모자하고 거위를 가져갔 다고 생각했어요. 신문에 광고를 내는 건 헛돈만 쓰는 셈이라고 봤고요."

"당연히 그러시겠지요." 홈즈가 말했다. "그건 그렇고, 그 거위는 우리가 요리해 먹 어야만 했어요. 안 그러면 상했을 테니까요."

"드셨다고요?" 베이커가 의자에서 반쯤 일어서며 물었다.

"그래요." 홈즈가 대답했다. "하지만 크기가 비슷한 것으로 하나 사 놨으니 그걸로

드릴게요. 그러면 되지 않을까요?"

"아, 그럼요!" 베이커 씨가 안도의 한숨을 쉬며 소리쳤다. "되고 말고요."

p.66~67 홈즈는 나를 흘끗 보며 어깨를 으쓱했다.

"자, 여기 당신의 모자하고 거위가 있습니다." 그가 말했다. "그런데 그 거위를 어디서 구입하셨는지 물어봐도 될까요? 육질이 상당히 좋던데요. 저도 다음에 거기서 사려고요."

"그럼요." 베이커가 말했다. "우리 몇 사람은 알파 인에서 정기적으로 모입니다. 올해 그 술집 주인이 거위 적립계를 만들었어요. 매주마다 모든 회원은 그에게 돈을 약간씩 냈습니다. 그렇게 해서 연말에 돈이 쌓여 각자에게 크리스마스 거위 한 마리씩 돌아갔어요. 그 다음은 말 안 해도 아실 겁니다. 감사합니다, 홈즈 씨. 이 거위를 가져가서 제대로 된 크리스마스 만찬을 즐길 겁니다."

그는 낡은 모자를 쓰고 우리에게 고개 숙여 인사를 하고는 서둘러 방을 나갔다.

"헨리 베이커는 이 정도면 됐네." 그는 문을 닫으면서 말했다. "나는 저 사람이 보석에 대해 아무것도 모른다고 확신해. 자네가 시장하지 않다면 저녁 식사를 좀 미루고 알파 인에 가서 몇 가지 질문을 좀 해보세."

"그러세." 내가 말했다.

2장 | 의문이 풀리다

p.70~71 15분 뒤 홈즈와 나는 알파 인에 이르렀다. 우리는 술집의 독실에 들어가 맥주 두 잔을 주문했다.

"주인장 맥주도 주인장 거위만큼 훌륭하면 좋겠소." 홈즈가 말했다.

"제 거위요!" 주인이 놀라며 말했다.

"그렇소. 당신의 거위 클럽 회원인 헨리 베이커 씨와 좀 전에 얘기를 나눴소." 홈즈가 말했다.

"아, 네." 주인이 말했다. "그런데 그것들은 원래 제 거위들이 아니고요. 코벤트 가든에서 브렉킨리지라는 상인에게서 산 거예요."

홈즈와 나는 맥주를 다 마신 후 다시 밖으로 나와 차가운 밤공기와 맞닥뜨렸다.

"이제 브렉킨리지라는 사람을 찾아보세." 홈즈가 말했다. "왓슨, 잘 듣게. 이 의문의 고리들 한쪽 끝에는 하찮은 거위 한 마리가 놓여 있지만, 다른 쪽 끝에는 우리가 무죄를 입증해 주지 않으면 7년의 징역을 살아야 하는 사람이 있네. 그의 운명은 우리 손에 달려 있어. 지체할 시간이 없네."

우리는 런던의 여러 거리들을 지나 코벤트 가든 시장에 도달했다. 브렉킨리지는 막 노점의 문을 닫고 있었다.

"안녕하시오." 홈즈가 말했다. "거위를 다 팔았나 보오?"

"네. 내일 아침에 또 오백 마리가 들어와요." 브렉킨리지가 말했다.

"그건 소용없소." 홈즈가 말했다. "난 오늘밤에 거위가 필요하오. 알파 주인이 당신을 추천했소. 어디서 거위를 들여오는지 말해 주겠소?"

p.72~73 놀랍게도, 그 질문에 브렉킨리지는 버럭 화를 냈다.

"자, 이보시오." 그가 목소리를 높이며 말했다. "용건이 뭡니까?"

"말했잖소." 홈즈가 태연하게 말했다. "당신에게 거위를 판 사람이 누구인지 알고 싶다고."

"글쎄, 난 말하지 않겠소." 브렉킨리지가 말했다. "오늘 그 거위에 대해 내게 묻는 사람이 당신이 두 번째오."

"당신에게 물었던 사람이 누구인지 난 모르오." 홈즈가 말했다. "하지만 나는 그 거위들이 시골에서 사육되었다는 데에 내 친구와 내기를 했소."

"그럼, 당신이 내기에서 졌소." 브렉킨리지가 말했다. "그 거위들은 시내에서 사육되었으니까."

"믿을 수 없소." 홈즈가 말했다.

"내기를 하겠소?" 브렉킨리지가 말했다.

"좋소." 홈즈가 말했다. "1파운드를 걸겠소. 당신이 질 게 뻔하지만."

상인은 장부를 집어 들었다.

"여기에 나와 거래한 판매자 명단이 적혀 있소." 그가 말했다.

그가 장부의 한 항목을 가리키며 말했다. "여기 뭐라고 적혀 있소?"

"오크숏 부인, 브릭스턴 로드-249 117번지." 홈즈가 읽어 내려갔다. "12월 22일, 마리당 7실링 6펜스에 거위 24마리."

"맞소." 브렉킨리지가 말했다. "그 아래에는 뭐라고 적혀 있소?"

"알파에 마리당 12실링에 판매." 홈즈가 말했다.

"자." 그 남자가 말했다. "그럼 내가 내기에 이긴 것 같은데, 그렇지 않소?"

p.74~75 홈즈는 몹시 당황한 것처럼 보였다. 그는 호주머니에서 1파운드를 꺼내 가판대에 떨어뜨린 후 노골적으로 불쾌한 표정을 드러내며 돌아섰다.

우리가 그곳에서 불과 몇 야드 안 갔을 때 브렉킨리지의 노점 쪽에서 큰 목소리가 들려왔다. 돌아보니 노점 앞에 자그마한 체구에 얼굴이 마르고 뾰족한 남자가 서 있었다.

"이제 네놈과 네놈이 거위에 대해 묻는 것도 신물이 난다." 브렉킨리지가 외쳤다. "오크숏 부인을 데려와. 그럼 부인의 질문에 대답할 테니까. 하지만 이건 당신이 상관할 바가 아냐. 내가 당신에게 거위를 샀나?"

"아니죠. 하지만 그 중 한 마리는 제 거였어요." 남자가 징징거렸다.

"그럼 오크숏 부인에게 달라고 해." 브렉킨리지가 소리쳤다. "꺼지라니까!"

그가 앞으로 돌진해 나오자 자그마한 체구의 남자는 어둠 속으로 사라졌다.

"저 남자에게 몇 가지 물어봐야겠는걸." 홈즈가 말했다.

우리는 그 남자의 뒤를 쫓아 달려 금세 그를 따라잡았다. 홈즈가 남자의 어깨를 잡자 그가 돌아보았다.

"무슨 일이시죠?" 그가 떨리는 목소리로 물었다.

"실례하오." 홈즈가 말했다. "그런데 당신이 상인에게 하는 말을 들었소. 내가 도움을 줄 수 있지 않을까 싶소."

"누구신데요? 이 일에 대해 뭘 아시나요?" 남자가 말했다.

"내 이름은 셜록 홈즈요. 다른 사람이 모르는 걸 알아내는 게 내가 하는 일이오." 홈즈가 말했다. "당신은 브릭스턴 로드의 오크숏 부인이 브렉킨리지에게 판매한 거위 한 마리를 찾고 있는 걸로 알고 있소. 그는 그것을 알파 인에 팔았고."

"홈즈 씨, 당신은 제가 그렇게 찾아 헤매던 분이시군요." 남자가 양손을 뻗은 채 손가락을 덜덜 떨며 외쳤다. "제가 이 문제에 얼마나 큰 관심을 쏟고 있는지 모르실 거예요."

p.76~77 "그렇다면 우리는 이 문제를 조용한 데서 상의하는 게 좋겠소." 홈즈가 말했다. "하지만 그 전에 당신 이름부터 알려 주시오."

남자는 잠시 주저하다가 말했다. "제 이름은 존 로빈슨입니다."

"아니, 아니, 당신의 실명 말이오!" 홈즈가 말했다.

"좋습니다. 제 진짜 이름은 제임스 라이더입니다." 남자가 말했다.

"그럴 줄 알았지. 코스모폴리탄 호텔의 매니저시군." 홈즈가 말했다.

그가 손짓으로 마차를 불러 세우고 말했다. "타시오. 내가 당신이 궁금해하는 모든

걸 말해 주겠소."

우리 세 사람은 마차에 올랐고, 30분 후 우리는 베이커 스트리트의 홈즈 아파트 안으로 들어갔다.

"앉으시오, 라이더 씨." 홈즈가 말했다. "자, 당신은 그 거위가 어떻게 됐는지 알고 싶소, 그렇지 않소? 꼬리에 검은 줄무늬가 있는 거위 말이오."

"맞습니다." 라이더가 감정에 북받쳐 떨며 말했다. "거위가 어떻게 됐는지 말씀해 주시겠어요?"

"거위는 여기 왔었소." 홈즈가 말했다. "그건 아주 예사롭지 않은 거위였지. 죽은 후에는 알을 하나 낳았고, 나는 그렇게 아름답게 빛나는 푸른 알을 본 적이 없소. 내가 여기에 그걸 갖고 있소."

홈즈는 자신의 금고를 열고 푸른 카벙클을 집어 올렸다. 보석은 난로의 불빛을 받아 밝게 빛났다. 라이더는 보석을 뚫어져라 쳐다보며 몸을 벌벌 떨었다.

p.78~79 "라이더, 다 털어놓으시지." 홈즈가 말했다.

라이더는 겁먹은 눈으로 홈즈를 쳐다보았다.

"이 푸른 보석이 있다는 걸 어떻게 알았소?" 홈즈가 물었다.

"캐서린 쿠삭이 말해줬어요." 라이더가 말했다.

"아!" 홈즈가 말했다. "모르카 백작 부인의 하녀. 당신과 쿠삭은 그 보석을 훔치기로 모의했군. 당신들은 배관공인 호너가 백작 부인의 방에서 작업을 하도록 조치를 취했고, 그가 범죄 혐의를 뒤집어쓸 것이라는 점을 예상했던 거지."

라이더는 바닥에 풀썩 엎어지더니 홈즈의 무릎을 부여잡았다.

"용서해 주세요!" 그가 울부짖었다. "오, 재판 받지 않게 경찰에 신고하지 말아 주세요!"

"의자에 다시 앉게!" 홈즈가 단호하게 말했다. "당신은 자신이 저지른 범죄를 호너 씨에게 뒤집어 씌워 그를 감옥에 보내려고 했어."

"이 나라를 떠나겠어요." 라이더가 말했다. "제가 증언을 하지 않으면 호너 씨에 대한 기소는 철회될 거예요."

"그 얘기는 나중에 하지." 홈즈가 말했다. "이야기를 마저 해보게. 보석이 어떻게 거위 뱃속으로 들어간 거지?"

p.80~81 "호너가 체포된 후 저는 그 보석을 숨겨야만 했어요." 라이더가 말했다. "저는 제 누이의 집으로 갔어요. 누이와 매부는 시장에 내다 팔 거위를 키우고 있어

요. 저는 제아무리 뛰어난 탐정이라도 속일 만한 아이디어를 생각해냈어요."

"그래?" 홈즈가 미소를 지으며 말했다. "그 기발한 아이디어가 뭐였지?"

"누이는 제게 크리스마스 선물로 거위 한 마리를 주겠다고 약속한 적이 있어요." 라이더가 말했다. "저는 꼬리에 검은 무늬가 있는 커다란 흰 거위를 잡았죠. 그리고 보석을 녀석의 목구멍 속으로 밀어 넣었어요. 거위는 보석을 삼키고는 무리 속으로 달아났죠. 그러고 나서 누이는 그 거위를 잡아 죽인 후 제게 줬어요."

"그건 다른 거위였군, 그렇지 않나?" 홈즈가 말했다.

"네." 라이더가 말했다. "꼬리에 검은 무늬가 있는 거위는 두 마리였어요. 하지만 전 미처 그 사실을 몰랐던 거죠. 저는 그 거위를 보석을 사겠다고 약속한 킬번에 사는 친구에게 가져갔어요. 친구가 거위 배를 갈라 보았지만 보석을 찾을 수가 없었죠. 저는 제정신이 아니었습니다."

p.82~83 "그래서 어떻게 했지?" 내가 물었다.

"저는 누이의 집으로 달려가 봤지만, 누이가 이미 거위들을 브렉킨리지에게 판매한 뒤였어요!" 라이더가 소리쳤다.

"그래서 브렉킨리지를 만나러 갔군?" 홈즈가 말했다.

"그렇습니다. 하지만 그는 거위를 전부 팔았더군요." 라이더가 말했다. "오늘 밤 그에게 직접 들으셨잖아요. 신이시여, 굽어살피소서!"

그는 두 손에 얼굴을 묻고 와락 울음을 터뜨렸다.

침묵이 길게 이어졌고, 라이더의 거친 숨소리만이 그 흐름을 깨고 있었다. 이윽고 홈즈가 자리에서 일어서더니 문을 활짝 열었다.

"나가!" 그가 라이더에게 말했다.

"뭐라고요! 아이고, 신께서 축복해 주시길!" 라이더가 외쳤다.

"더 이상 아무 말 말고 어서 눈앞에서 사라져!" 홈즈가 말했다.

라이더는 문으로 달리더니 계단을 뛰어 내려가 현관문을 꽝 닫았다. 우리는 그가 보도에서 황급히 발걸음을 옮기며 멀어져 가는 소리를 들었다.

"자, 왓슨." 홈즈가 말했다. "지금은 크리스마스이고 용서의 계절이네. 내가 경찰에 신고하는 게 마땅한 일이겠지만, 그들은 내 도움을 요청하지 않았어. 게다가 라이더는 몹시 겁을 먹었기 때문에 다른 범죄를 저지를 것 같지도 않네. 호너는 그의 혐의에 대한 증거가 없기 때문에 석방될 거야. 푸른 카벙클은 소유자에게 돌아갈 테고. 그리고

우리는 대단히 흥미롭고 별난 사건을 해결했네. 자, 왓슨, 이제 새 한 마리를 더 살펴
볼 시간이네. 배가 고픈데 저녁 식사는 거위 요리니까 말이야."

우리글로 다시 읽기
빨간 머리 연맹

1장 | 빨간 머리의 방문객

p.88~89   어느 가을날 아침 셜록 홈즈를 찾아갔더니, 한 방문객이 와 있었다.

"다른 손님 때문에 바쁘다면 나중에 오겠네." 내가 말했다.

"가지 말게." 홈즈가 말했다. "때마침 잘 와주었어."

그는 손님 쪽으로 몸을 돌렸다.

"이쪽은 왓슨 박사입니다." 그가 말했다. "제 동료로 많은 사건들을 같이 해결했
죠."

손님은 고개를 숙여 인사했다.

"왓슨." 홈즈가 말했다. "이쪽은 자베즈 윌슨 씨라네. 정말 기이하고, 또 내가 확신
하는 바로는 아주 특별한 이야기를 해주셨네. 자네도 흥미를 느낄 거야. 윌슨 씨, 처음
부터 다시 한번 이야기해 주시겠습니까?"

윌슨 씨는 외투 주머니에서 구겨진 신문을 꺼냈다. 나는 홈즈가 외모에서 단서들을
유추해 내듯이 그를 찬찬히 바라보았다. 하지만 그 불붙은 것처럼 새빨간 머리와 불만
스러운 표정 이외에는 별로 특별한 점이 없어 보였다.

"윌슨 씨, 광고는 찾으셨습니까?" 홈즈가 물었다.

"예, 여기 있습니다." 윌슨 씨가 말했다. "모든 일이 여기에서 시작된 거죠, 왓슨 씨.
직접 읽어보십시오."

p.90~91   나는 윌슨 씨에게서 신문을 넘겨받아 광고를 읽어보았다.

빨간 머리 연맹에게: 신규 회원 자리가 생겼음. 주급 4파운드에 일은 매우 쉬운 편임.
21세 이상의 신체 건강하고 빨간 머리 남자라면 누구나 지원할 수 있음. 월요일 11시,
플리트 스트리트 포프스 코트 7번지로 던컨 로스를 찾아오기 바람.

"도대체 이게 무슨 뜻이지?" 내가 물었다.

"좀 이상하지 않나?" 홈즈가 키득거리며 말했다. "윌슨 씨, 이 광고로 당신에게 어떤 일이 있었는지 설명해 주시죠."

"음." 윌슨 씨가 말했다. "저는 코버그 스퀘어에서 전당포를 하고 있는데, 최근 들어 장사가 잘 되지 않았습니다. 점원을 두 명 두었던 적도 있었지만, 지금은 한 명밖에 없습니다. 급료가 적어도 일을 배우고 싶다고 해서요. 이름은 빈센트 스폴딩이라고 합니다. 저는 그 친구보다 더 똑똑한 조수는 구할 수 없을 겁니다, 홈즈 씨. 그가 다른 곳에서 일한다면 급료를 두 배는 더 받을 수 있을 겁니다."

p.92~93 "운이 좋았네요. 그런데 좀 이상한 사람 같군요." 홈즈가 말했다.

"그렇습니다." 윌슨 씨가 말했다. "하지만 단점도 있어요. 사진 찍기에 푹 빠져 항상 사진을 찍지요. 그리고는 그것을 현상하느라 지하실에서 보내는 시간이 많습니다."

"지금도 당신 가게에서 일하고 있겠군요?" 홈즈가 물었다.

"그렇습니다." 윌슨 씨가 말했다. "그 친구가 정확히 8주 전 이 신문 광고를 가지고 사무실로 왔어요. 그리고 빨간 머리 연맹에 대한 이야기를 들려주었습니다. 듣자 하니 백만장자이자 빨간 머리인 이제키어 홉킨스라는 미국인이 연맹을 설립했다고 합니다. 그리고 빨간 머리를 가진 이들에게 일자리를 마련해주는 데 자신의 재산을 쓰라는 유언을 남겼다는군요. 보수도 좋고 쉬운 일이었습니다."

"아주 흥미롭군요!" 홈즈가 말했다.

"그렇습니다." 윌슨 씨가 말했다. "당연히 빨간 머리를 가진 남자들이 무수히 몰려들 거라고 생각했죠. 하지만 런던에 사는 사람만 그 자리에 지원할 수 있다고 빈센트가 말해줬어요. 그 미국인은 자신의 고향에 좋은 기회를 주고 싶었나 봅니다. 그리고 저처럼 환한 색깔의 진짜 빨간 머리만 뽑혔다고 했습니다."

p.94~95 "그래서 마음이 동하셨군요?" 홈즈가 물었다.

"지원해 보는 거야 나쁠 건 없겠다고 생각했습니다." 윌슨 씨가 말했다. "빈센트가 시내까지 따라가 주었지요. 포프스 코트에 가보니, 거리에 온통 빨간 머리들 천지더군요. 하지만 저처럼 선명한 빨간색 머리는 그렇게 많지 않았지요. 빈센트는 제가 인파를 헤치고 사무실 계단 앞까지 가도록 밀었어요. 얼마 후 저희는 안으로 들어가게 되었습니다."

"정말 기이한 일이로군요!" 홈즈가 말했다. "말씀을 계속해 주시죠."

"그곳에 로스 씨라는 사람이 있었습니다. 저보다 더 새빨간 머리의 자그마한 사내였습니다." 윌슨 씨가 말했다. "빈센트는 저를 소개하면서 제가 결원 자리에 지원하고 싶어한다고 설명했습니다. 로스 씨는 제가 아주 멋진 빨간 머리를 지녔다고 했죠. 그리고 말했습니다. '신중해야 하니까 실례 좀 하겠소.' 그는 양손으로 제 머리칼을 붙잡더니 제가 아파서 소리를 지를 때까지 잡아당겼습니다. 그러더니 사과를 하며 그가 이렇게 말했습니다. '주의를 해야 해서 말이오. 가발을 쓰거나 염색을 한 사람들에게 속은 적이 있으니까.' 그는 창밖으로 모집이 끝났다고 소리쳤습니다. 그리고 무슨 일이 있어도 10시부터 2시까지는 사무실에 있어야 한다고 말했지요."

p.96~97 "그래서 어떻게 하셨습니까?" 홈즈가 물었다.

"일을 하기로 했죠." 윌슨 씨가 말했다. "제가 하는 전당포 일은 주로 저녁 때 이루어지니까요. 그 남자는 제가 일주일에 4파운드를 받게 될 거라고 했습니다. 저는 브리태니카 백과사전 전권의 단어 하나하나를 필사해야 한다고 하더군요. 저는 그 다음날부터 일을 시작하기로 했습니다."

"그렇게 쉬운 일거리가 생겨서 기뻤나요?" 홈즈가 물었다.

"처음에는 그랬지요." 윌슨 씨가 말했다. "그러다가 다시 곰곰이 생각해보니 모든 게 일종의 사기가 틀림없다는 생각이 들었던 겁니다. 하지만 제가 직접 알아보기로 결심했죠."

"그래서 그 다음날 그곳으로 갔습니까?" 홈즈가 물었다.

"네. 그리고 그 후 매일 출근했죠." 윌슨 씨가 말했다. "토요일마다 그 관리자가 4파운드를 내주었습니다. 그렇게 8주가 지나고 모든 게 끝장났어요."

"끝장났다고요?" 홈즈가 물었다.

p.98~99 "네." 윌슨 씨가 말했다. "오늘 아침 출근을 해보니, 문이 잠겨 있고 안내문이 하나 붙어 있더군요. 바로 이겁니다."

윌슨 씨는 편지지 정도 크기의 흰색 마분지를 내밀었다. 거기에는 이런 글이 쓰여 있었다.

빨간 머리 연맹은 해산되었음.
1890년 10월 9일.

홈즈와 나는 너무나 어처구니가 없어 웃음을 터뜨리고 말았다.

"뭐가 그렇게 우스운지 모르겠군요!" 윌슨은 귀밑까지 빨개질 정도로 화를 내며 소리쳤다.

"죄송합니다." 홈즈는 웃음을 참으며 말했다. "정말 신선할 정도로 기묘한 일이라서요. 그 후에 어떻게 하셨는지 말씀해 주십시오."

"집주인을 찾아갔습니다." 윌슨 씨가 말했다. "하지만 그 사람은 빨간 머리 연맹은 커녕 던컨 로스라는 사람도 모른다고 하더군요. 하지만 로스 씨의 인상착의를 설명하자, 누군지 알겠다고 했습니다. 실제로 그는 윌리엄 모리스라는 변호사로 사무실을 잠시 임대했다가 어제 이사를 갔다고 했습니다. 집주인이 모리스 씨의 주소를 가르쳐 주길래 찾아가 봤습니다. 하지만 그 곳은 인공 슬개골을 만드는 공장이더군요. 거기 사람들은 윌리엄 모리스라는 이름을 들어본 적도 없다고 했습니다."

p.100~101 "그래서 어떻게 하셨나요?" 홈즈는 물었다.

"집으로 돌아가 어쩌면 좋겠냐고 빈센트에게 물었지요." 윌슨 씨가 말했다. "그 친구도 뾰족한 수가 없는 것 같더군요. 그래서 선생님을 만나러 온 겁니다."

"현명한 선택이셨습니다." 홈즈가 말했다. "겉으로 보이는 것보다 훨씬 심각한 사건이라고 생각되는군요."

"심각하고 말고요!" 윌슨 씨가 말했다. "주급 4파운드를 날리게 되었단 말입니다."

"아, 그렇죠." 홈즈가 말했다. "하지만 지난 두 달간 30파운드 정도의 돈을 벌지 않으셨습니까. 그리고 당신은 백과사전을 읽으면서 시간을 보냈습니다. 배운 게 있다면 있겠지 잃은 건 없겠죠."

"그렇군요." 윌슨 씨가 말했다. "하지만 그 사람들이 제게 왜 그런 장난을 쳤는지 그 이유를 알고 싶습니다."

"우리가 그 이유들을 밝혀낼 수 있도록 힘써보겠습니다. 하지만 궁금한 게 한 가지 있습니다. 윌슨 씨가 연맹에 취직할 당시 그 점원은 일한 지 얼마나 되었나요?" 홈즈가 물었다.

"한 달쯤 되었죠." 윌슨 씨가 말했다.

"어떻게 생긴 사람인지 설명해 주시죠." 홈즈가 말했다.

"키가 작고 통통한 체구에 서른 살 가량 되었지요. 이마에 하얀 흉터가 있습니다."

윌슨 씨가 말했다.

홈즈는 흥분한 얼굴로 허리를 폈다.

"내 그럴 줄 알았지!" 그가 말했다. "윌슨 씨, 감사합니다. 오늘은 토요일이니 월요일에 연락을 드리죠."

2장 | 바닥의 비밀 통로

p.104~105 "이보게, 왓슨." 방문객이 떠난 뒤 홈즈가 말했다. "자네는 그 모든 일들을 어떻게 생각하나?"

"도무지 모르겠네." 나는 솔직하게 답했다.

"평범해 보이는 사건이 보통 가장 복잡한 법이지." 홈즈가 말했다. "잠시 생각을 좀 해봐야겠네."

그는 앙상한 무릎을 코 밑까지 올린 채 웅크리고 앉았다. 그는 눈을 감고 거의 한 시간 가까이 그렇게 앉아 있었다. 그러다 갑자기 그가 의자에서 벌떡 일어났다.

"시간이 있으면 같이 시내에 나가 점심이나 하지 않겠나?" 그가 말했다.

"그래, 그러지." 내가 대답했다.

우리는 엘더스게이트까지 지하철을 타고 가서 윌슨 씨의 진당포를 찾아갔다. 문 위에 자베즈 윌슨이라고 적혀 있는 작고 누추한 가게였다. 홈즈는 그것을 날카롭게 관찰했다. 그러고는 지팡이로 길바닥을 요란하게 두들겼다. 그런 다음 문 앞으로 가서 노크를 했다. 영리해 보이는 젊은이가 문을 열더니 들어오라고 했다.

"고맙소만." 홈즈가 말했다. "스트랜드 가로 가는 길을 물어보려고 하오."

"세 번째 모퉁이에서 오른쪽으로, 그리고 네 번째 모퉁이에서 왼쪽으로 가십시오." 청년은 그렇게 말하고 문을 닫았다.

p.106~107 "내 판단으로 그 자는 런던에서 네 번째로 영리한 자일세." 나오는 길에 홈즈가 말했다. "저 친구의 이야기를 들었던 적이 있네."

"그런 것 같군." 내가 말했다. "그 자의 얼굴을 보려고 길을 물어본 거 아닌가?"

"얼굴이 아니네." 홈즈가 말했다. "저 친구의 바지 무릎을 보려고 그랬네."

"그래서 무얼 보았나?" 나는 물었다.

"짐작했던 걸 확인했지." 홈즈가 말했다.

"지팡이로 길바닥은 왜 두드렸나?" 내가 물었다.

"왓슨, 지금은 관찰이 필요한 시간이네." 홈즈가 말했다. "이 지역 주변을 좀 답사해 보기로 하지."

모퉁이를 돌자 런던의 분주한 거리가 나타났다. 고급 상점이며 건물들이 전당포와 이렇게 가까이 있다는 것이 놀라울 따름이었다.

"어디 보자." 홈즈는 거리의 건물들을 둘러보며 말했다. "이 지역 건물들을 순서대로 정확히 알고 싶군. 저기가 모티머 상점, 담배 가게, 작은 신문 가게, 시티 앤 서버번 은행 코버그 지점, 그리고 채식주의자 식당 순이로군."

p.108~109 잠시 후 홈즈가 말했다. "자, 왓슨, 다 됐네. 이제 샌드위치와 커피나 들러 가세."

점심을 먹는 동안, 홈즈는 사건은 안중에도 없는 듯 느긋해 보였다. 하지만 식사를 마치고 나자, 다시금 진지한 모습으로 돌아갔다.

"오늘 밤 자네 도움이 필요하네." 그가 말했다. "엄청난 범죄가 모의되고 있어. 10시에 베이커 스트리트로 와 줄 수 있나?"

"시간에 맞춰 가겠네." 나는 말했다.

"좋아." 그가 말했다. "그리고 왓슨, 혹시 위험한 일이 벌어질지도 모르니 권총을 갖고 오도록 하게."

그는 손을 흔들어 인사를 하고는 돌아서서 군중 속으로 사라졌다.

베이커 스트리트에 도착해 보니 밖에 마차 두 대가 서 있었다. 홈즈는 다른 두 남자와 함께 아파트에 있었다. 한 사람은 피터 존스 형사였고, 다른 한 사람은 키가 크고 마른 내가 모르는 사람이었다.

"왓슨, 존스 형사님은 알고 있겠지." 홈즈가 말했다. "이쪽은 메리웨더 씨라네. 은행장이시지."

"오늘 밤 같이 일하게 되었군요, 왓슨 박사님." 존스 형사가 말했다.

p.110~111 홈즈가 존스 형사 쪽으로 고개를 돌리며 말했다. "제 계획에 따라 주신다면, 그동안 그토록 손에 넣고 싶어하던 중범죄자를 잡으실 수 있으실 겁니다."

"네." 존스 형사가 말했다. "존 클레이. 그 자는 살인범이자, 절도범에 위조범이죠. 그의 조부는 왕족 혈통의 공작이고 본인은 이튼 스쿨과 옥스퍼드 대학교를 나왔습니다. 아주 교활하고 영리한 자입니다. 제가 지난 몇 년 간 그를 쫓았지만 그의 그림자도 본 적이 없습니다."

"오늘 밤 그 자를 소개하는 기쁨을 누릴 수 있다면 좋겠군요. 그럼 갑시다." 홈즈가 말했다. "존스, 메리웨더 씨와 함께 앞의 마차를 타십시오. 저는 왓슨과 함께 뒤따라 가겠습니다."

마침내 우리는 전당포 뒤 분주한 거리에 이르렀다. 메리웨더 씨의 안내를 받아, 우리는 좁다란 골목길을 따라 내려갔다. 그가 어느 건물의 옆문을 열어주었고 우리는 돌 층계를 걸어 내려가 또 다른 문 앞에 당도했다. 그가 잠시 멈추고 등불에 불을 켠 다음 넓은 지하실 안으로 우리를 안내했다. 육중한 나무상자 더미가 벽을 따라 쌓여 있었다.

"위쪽으로는 별 위험이 없겠군요." 홈즈가 랜턴을 들고 주위를 살펴보며 말했다.

"아래쪽도 그렇죠." 메리웨더 씨가 지팡이로 바닥을 두들기며 말했다.

p.112~113 "이런! 울리는 소리가 나잖아!" 메리웨더 씨가 놀란 표정으로 고개를 들었다.

"목소리를 낮추십시오!" 홈즈가 말했다.

홈즈는 바닥에 무릎을 꿇고 등불과 확대경을 든 채 바닥의 포석 틈 사이를 살펴보기 시작했다. 잠시 후 그는 벌떡 일어섰다.

"앞으로 한 시간은 기다려야 합니다." 홈즈가 말했다. "그 이유는 전당포 주인이 잠들기 전에는 놈들이 아무 짓도 못할 것이기 때문입니다. 왓슨, 여기는 린던의 한 은행 지점의 지하실이라네. 오늘 밤 절도 사건이 시도될 걸세."

"그렇습니다." 메리웨더 씨가 말했다. "프랑스 은행에서 금화 삼 만 나폴레옹이 들어왔습니다. 여기 있는 이 상자들에 들어 있지요."

"계획을 세워야 할 때가 되었습니다." 홈즈가 말했다. "우리는 상자 뒤에 숨어 있도록 합시다. 왓슨, 총소리가 나면 대응 사격을 해주게나."

나는 나무 박스 위에 권총을 올려놓고 그 뒤에 웅크리고 앉아 숨었다. 홈즈가 등불에 덮개를 씌우자 지하실 안은 아주 캄캄해졌다.

"그들이 달아날 길은 하나뿐이지." 홈즈가 낮은 목소리로 속삭였다. "존스, 제가 부탁드린 조치는 취해 놓으셨죠?"

"경찰 세 명이 가게 앞에서 대기하고 있습니다." 존스 형사가 대답했다.

"좋습니다! 이제부터 조용히 기다려야 합니다." 홈즈가 말했다.

p.114~115 우리 넷은 1시간 15분을 기다렸지만 나는 거의 밤을 새운 듯한 기분이었다. 갑자기 바닥의 돌 틈새로 희미한 불빛이 보였다. 잠시 후, 포석 하나가 옆으로 치워졌다. 그리고는 말쑥한 얼굴이 그 위로 나타났다. 그 청년은 위로 올라오더니 다

른 사람을 끌어 올리기 위해 몸을 돌렸다. 그 두 번째 사
내는 불타는 듯이 빨간 머리칼의 작달막한 사내
였다.

홈즈가 상자 뒤에서 뛰어나와 먼저 올
라온 사람을 붙잡았다. 두 번째 사내는
존스 형사가 미처 붙들기 전에 다시 구멍
아래로 도망쳐 버렸다.

"그래 봤자 소용 없네, 존 클레이." 홈즈
가 말했다. "자네는 체포되었어."

"그렇군." 클레이가 냉정한 목소리로 말했다.
"하지만 내 동료는 놓쳤지."

"입구에서 경찰관 세 명이 기다리고 있어." 홈즈가 말했다.

"잘 했군." 클레이가 차분하게 말했다. "주도 면밀하게 모든 걸 계획한 것 같군."

p.116~117 "자네도 그랬지." 홈즈가 말했다. "빨간 머리 연맹을 생각해 내다니 아
주 기발하고 그럴 듯했어."

존스 형사는 클레이에게 수갑을 채워 끌고 갔다.

"홈즈 씨." 메리웨더 씨가 말했다. "사상 초유의 대규모 은행 절도 사건을 탐지하시
고 막아주셨군요. 어떻게 보답해야 할까요?"

"이처럼 특이한 사건을 해결하게 된 것으로 만족합니다." 홈즈가 대답했다.

홈즈는 집으로 돌아와서 사건을 자세하게 설명해 주었다.

"빨간 머리 연맹의 목적은 처음부터 명백했네." 홈즈가 말했다. "매일 몇 시간 동안
윌슨 씨를 가게에서 내보내려는 의도였지. 광고를 내고, 일당 중 하나가 임시 사무실
을 빌렸고 다른 하나가 윌슨 씨를 부추겨 그 일에 지원하도록 만들었네. 이런 식으로,
그들은 윌슨 씨가 아침마다 가게를 비우도록 했네."

"하지만 그들이 무슨 짓을 하고 있는지 어떻게 알았나?" 내가 물었다.

p.118~119 "나는 점원이 사진 찍기를 좋아한다는 점과 지하실에 처박혀 있다는
점을 따져 보았지." 홈즈가 말했다. "조사해 보았더니 그가 런던에서 가장 대담한 범
죄자 중 한 명으로 손꼽힌다는 사실을 알게 되었어. 그러자 갑자기 그가 지하실에 처
박혀 있길 좋아한다는 것이 이해가 됐네! 그는 옆 건물로 굴을 파고 있었던 거지! 전당
포 앞 길바닥을 두드려 보았던 건 굴이 어느 쪽으로 향하고 있는지 확인하기 위해서였
네. 앞쪽으로는 아니었어. 모퉁이를 돌자, 은행 건물 뒤쪽이 전당포와 바로 인접해 있

다는 사실을 알 수 있었지."

"그런데 바로 오늘 밤 그자들이 은행을 털러 오리라는 건 어떻게 알았나?" 내가 물었다.

"놈들이 빨간 머리 연맹 사무실을 폐쇄한 걸 보고, 굴 파기가 끝났다는 걸 알았네." 홈즈가 말했다. "하지만 금화가 옮겨지기 전에 굴을 사용하는 게 중요했네. 도망칠 시간이 이틀이나 있을 테니 토요일이 가장 적당했겠지. 그래서 그들이 오늘 밤 나타날 거라고 생각했다네."

"멋진 추리였네." 내가 말했다. "많은 단서들이 있었는데 자네는 하나도 놓치지 않았군."

그는 어깨를 으쓱해 보이더니 하품을 했다.

"덕분에 지루하지 않았네." 그가 말했다. "이런 작은 문제들 덕분에 일상에서 벗어날 수 있지."

"그리고 자네는 나라에 은인이네." 내가 말했다.

홈즈는 어깨를 으쓱했다.

"아마 내가 하는 일이 도움이 되긴 하겠지." 그가 말했다. "결국 중요한 건 일 자체라네. 누가 하느냐는 건 중요한 게 아니지."